ASPECTOS POLÊMICOS DA LEI ANTICORRUPÇÃO NO BRASIL

ROGÉRIO GESTA LEAL

Prefácio
Romeu Felipe Bacellar Filho

ASPECTOS POLÊMICOS DA LEI ANTICORRUPÇÃO NO BRASIL

Belo Horizonte

2022

© 2022 Editora Fórum Ltda.

É proibida a reprodução total ou parcial desta obra, por qualquer meio eletrônico, inclusive por processos xerográficos, sem autorização expressa do Editor.

Conselho Editorial

Adilson Abreu Dallari
Alécia Paolucci Nogueira Bicalho
Alexandre Coutinho Pagliarini
André Ramos Tavares
Carlos Ayres Britto
Carlos Mário da Silva Velloso
Cármen Lúcia Antunes Rocha
Cesar Augusto Guimarães Pereira
Clovis Beznos
Cristiana Fortini
Dinorá Adelaide Musetti Grotti
Diogo de Figueiredo Moreira Neto (*in memoriam*)
Egon Bockmann Moreira
Emerson Gabardo
Fabrício Motta
Fernando Rossi
Flávio Henrique Unes Pereira

Floriano de Azevedo Marques Neto
Gustavo Justino de Oliveira
Inês Virgínia Prado Soares
Jorge Ulisses Jacoby Fernandes
Juarez Freitas
Luciano Ferraz
Lúcio Delfino
Marcia Carla Pereira Ribeiro
Márcio Cammarosano
Marcos Ehrhardt Jr.
Maria Sylvia Zanella Di Pietro
Ney José de Freitas
Oswaldo Othon de Pontes Saraiva Filho
Paulo Modesto
Romeu Felipe Bacellar Filho
Sérgio Guerra
Walber de Moura Agra

FÓRUM
CONHECIMENTO JURÍDICO

Luís Cláudio Rodrigues Ferreira
Presidente e Editor

Coordenação editorial: Leonardo Eustáquio Siqueira Araújo
Aline Sobreira de Oliveira

Rua Paulo Ribeiro Bastos, 211 – Jardim Atlântico – CEP 31710-430
Belo Horizonte – Minas Gerais – Tel.: (31) 2121.4900
www.editoraforum.com.br – editoraforum@editoraforum.com.br

Técnica. Empenho. Zelo. Esses foram alguns dos cuidados aplicados na edição desta obra. No entanto, podem ocorrer erros de impressão, digitação ou mesmo restar alguma dúvida conceitual. Caso se constate algo assim, solicitamos a gentileza de nos comunicar através do *e-mail* editorial@editoraforum.com.br para que possamos esclarecer, no que couber. A sua contribuição é muito importante para mantermos a excelência editorial. A Editora Fórum agradece a sua contribuição.

Dados Internacionais de Catalogação na Publicação (CIP) de acordo com a AACR2

L435a	Leal, Rogério Gesta Aspectos polêmicos da Lei Anticorrupção no Brasil / Rogério Gesta Leal. - Belo Horizonte : Fórum, 2022. 139 p. ; 14,5cm x 21,5cm. Inclui bibliografia. ISBN: 978-65-5518-362-7 1. Direito Administrativo. 2. Direito Constitucional. 3. Direito Público. 4. Direito Econômico. 5. Direito Empresarial. I. Título.
2022-870	CDD: 341.3 CDU: 342.9

Elaborado por Odilio Hilario Moreira Junior – CRB-8/9949

Informação bibliográfica deste livro, conforme a NBR 6023:2018 da Associação Brasileira de Normas Técnicas (ABNT):

LEAL, Rogério Gesta. *Aspectos polêmicos da Lei Anticorrupção no Brasil*. Belo Horizonte: Fórum, 2022. 139 p. ISBN 978-65-5518-362-7.

Dedico este livro ao meu saudoso Pai, advogado, servidor público e professor, que me deixa legados de ética e compromissos com a Democracia.

Agradeço ao Tribunal de Justiça do Estado do Rio Grande do Sul pela oportunidade de servir à sociedade gaúcha e enfrentar, diuturnamente, patologias corruptivas que tanto ameaçam nossas instituições públicas e privadas. Agradeço também à Universidade de Santa Cruz do Sul e à Fundação Escola Superior do Ministério Público por viabilizarem a partilha de preocupações e estudos com nossos alunos da graduação e pós-graduação.

SUMÁRIO

PREFÁCIO
Romeu Felipe Bacellar Filho.. 11

APRESENTAÇÃO.. 17

CAPÍTULO 1

A CORRUPÇÃO COMO FENÔMENO COMPLEXO.............................. 19

1.1   Notas introdutórias 19

1.2   A corrupção como mal-estar às instituições democráticas......... 20

1.3   A institucionalidade corruptiva no Brasil: alguns elementos
historiográficos... 27

1.4   Qual o papel da sociedade civil? 32

1.5   Notas conclusivas 37

1.6   Referências 40

CAPÍTULO 2

OS ATOS ATENTATÓRIOS AO PATRIMÔNIO PÚBLICO,
AOS PRINCÍPIOS DA ADMINISTRAÇÃO PÚBLICA E AOS
COMPROMISSOS INTERNACIONAIS ASSUMIDOS PELO BRASIL:
ASPECTOS NEURAIS DA LEI ANTICORRUPÇÃO 43

2.1   Notas introdutórias 43

2.2   Contextos convulsivos à formatação da Lei nº 12.846/2013 44

2.3   Quais os bens jurídicos tutelados pela Lei Anticorrupção?........ 51

2.4   Notas conclusivas 59

2.5   Referências 64

CAPÍTULO 3

A RESPONSABILIDADE OBJETIVA ADMINISTRATIVA E CIVIL DAS
PESSOAS JURÍDICAS NOS TERMOS DA LEI ANTICORRUPÇÃO
BRASILEIRA 69

3.1   Notas introdutórias 69

3.2   Sobre os argumentos prós e contras a responsabilidade
objetiva da pessoa jurídica na ADI5261.................................... 70

3.3	O problema da responsabilidade civil objetiva: alguns apontamentos	72
3.4	Condições e possibilidades da responsabilidade objetiva da empresa no âmbito da Lei Anticorrupção	80
3.5	Notas conclusivas	85
3.6	Referências	90

CAPÍTULO 4
O PROBLEMA DO CADASTRO NACIONAL DE EMPRESAS PUNIDAS DO ART. 22 DA LEI ANTICORRUPÇÃO BRASILEIRA E OS ABALOS À PERSONALIDADE JURÍDICA DA EMPRESA 95

4.1	Notas introdutórias	95
4.2	Direito fundamental da pessoa jurídica à tutela de seu nome, imagem e reputação: aspectos gerais	96
4.3	O cadastro nacional de empresas punidas administrativamente nos termos da Lei Anticorrupção: problemas intercorrentes	110
4.4	Notas conclusivas	113
4.5	Referências	115

CAPÍTULO 5
A DESCONSIDERAÇÃO DA PERSONALIDADE JURÍDICA COMO FERRAMENTA DE COMBATE À CORRUPÇÃO NO ÂMBITO DA LEI ANTICORRUPÇÃO BRASILEIRA: APONTAMENTOS CRÍTICOS 119

5.1	Notas introdutórias	119
5.2	O instituto da desconsideração da personalidade jurídica: interfaces entre o público e o privado	120
5.3	O uso administrativo do instituto da desconsideração da personalidade jurídica no âmbito da Lei Anticorrupção	132
5.4	Notas conclusivas	136
5.5	Referências	138

PREFÁCIO

Ao ser incumbido de prefaciar esta magnífica obra produzida por jurista da mais alta significação nos planos nacional e internacional, corroborando os primorosos trabalhos que anteriormente havia lançado, entendo oportuno relembrar – no cenário que se descortina – que é momento de relançar, com ousadia, vigor e sem arrogância, o culto aos valores mais caros do Direito, em especial do nosso Direito Administrativo.

Com efeito, abstraída de cogitações vaidosas ou mesquinhas, mas, ao revés, revelando ao público destinatário a importância de prevenir e combater a corrupção, esta obra de Rogério Gesta Leal, Magistrado e Professor, a exemplo de outras já lidas e admiradas, se minimamente acatada, haverá de contribuir para uma cicatrização jurídico-institucional das lancinantes feridas lançadas por uma obscurantista e irresponsável política e, por que não dizer, da própria Administração Pública brasileira que não hesita em se valer dos mais variados estratagemas para nutrir desconfiança em relação a qualquer ato que pratica.

É importante lembrar que em "Tempos de (des)ordem: limites de contenções", em apreciação primorosa, Rogério, o autor, de modo altruísta e construtivo já indicava as mazelas e o linimento para a cura. Assentou com a autoridade a ele reconhecida: "Tempos de crises institucionais, políticas, econômicas e sociais como as que estamos vivendo em face do coronavírus, modo geral, colocam na agenda dos debates internacionais e nacionais grandes e sérios perigos a determinadas conquistas, princípios e liberdades constitucionais a Democracia. Aqui, a tentação em desrespeitar tais direitos e garantias encontra-se em seu apogeu, enquanto que os seus tradicionais mecanismos de efetivação e proteção estão em baixa; sutilezas legais podem ser deixadas de lado para serem apreciadas somente em tempos de paz e tranquilidade".

Mais adiante, arrematou: "Em meio a tais turbulências garantias constitucionais são colocadas, por vezes, a prova, razão pela qual os compromissos permanentes em preservar e manter direitos e liberdades devem estar constantemente equalizados/convergentes com os cuidados de não transmutar a Constituição em um pacto suicida, na expressão do Juiz da Suprema Corte Norte-americana Robert H. Jackson. O Juiz Jackson, em 1949, no caso Terminiello v. Chicago, no qual a maioria dos magistrados decidiu que lei municipal de Chicago que proibia o discurso de provocar a ira do público, convidar a disputas, provocar situação de inquietação ou criar distúrbios, estaria violando as Primeira e Décima Quarta Emendas à Constituição Norte-americana, dissentiu sob o argumento de que:

> Este Tribunal foi longe no sentido de aceitar a doutrina de que liberdade civil significa a remoção de todas as restrições dessas multidões e que todas as tentativas locais de manter a ordem são comprometimentos da liberdade do cidadão. A escolha não é entre ordem e liberdade. É entre liberdade com ordem. Existe o risco de que, se o Tribunal não moderar sua lógica doutrinária com um pouco de sabedoria prática, converterá a Declaração de Direitos constitucionais em um pacto suicida. (Tradução livre.)

Com toda a certeza, como ressalta o autor, os cenários de emergências, crises, riscos e perigos nos quais nos encontramos por conta da epidemia causada pelo Covid-19 estão a evidenciar sequelas corruptivas de multiníveis, aumentando os custos de mantença de liberdades públicas, direitos e garantias políticas tradicionais; do mesmo modo, vão gerando tensões de dimensões trágicas entre valores democráticos e respostas às emergências provocadas.

Revela-se sempre oportuno sublinhar que o Direito Administrativo, ramo pelo qual nutro sublime devoção, para além de significar precioso meio de alcance de uma interação digna e respeitosa da Administração Pública com os destinatários de suas ações, representa – acatados os seus preceitos – a garantia da manutenção de nossa dignidade, sendo, pois, um projeto que transcende os imediatismos dos que procuram subjugar o poder a qualquer preço.

Assim, a confiança geral, devidamente revigorada, haverá de reunir forças para, finalmente, permitir a instauração de um sistema caracterizado pelo governo de todos, que se torna ferrenho adversário da corrupção, abandonando, de vez, o modelo dos privilégios e do ineficiente, antiético e nefasto uso do poder.

Rogério, distinguindo-se de muitos que se valem da importância da toga para ocultar suas limitações interiores, cativa ao primeiro bater de olhos. Atencioso e culto, a cada obra por ele lançada sedimenta, cada vez com maior vigor, seu patriotismo e atenção para os menos favorecidos.

Já afirmei em outra sede – e insisto veementemente – que ao discorrer sobre temas alusivos às formas de conduta, tais como Improbidade ou Corrupção, ou seus antônimos, Ética e Dignidade, o autor deve estar imbuído da consciência de que, embora conservando independência própria, o pensamento desafetado da individualidade não se escraviza à sua vontade. Deve, pois, elevar-se à altura do fenômeno sociológico, pois a abordagem não haverá de retratar o trabalho de uma inteligência apenas. Assim, a riquíssima bibliografia, nacional e estrangeira, que alimenta a obra e serve de sustentação às suas conclusões, transcende às expectativas.

O autor, em face de seu magnífico poder de síntese, consegue elencar, nas páginas que escorreitamente escreveu, assuntos da mais reconhecida significação: "A corrupção como fenômeno complexo; Os atos atentatórios ao patrimônio público, aos princípios da Administração Pública e aos compromissos internacionais assumidos pelo Brasil: aspectos neurais da Lei Anticorrupção; A responsabilidade objetiva administrativa e civil das pessoas jurídicas nos termos da Lei Anticorrupção brasileira; A desconsideração da personalidade jurídica como ferramenta de combate a corrupção no âmbito da Lei Anticorrupção brasileira: apontamentos críticos; e, o problema do cadastro nacional de empresas punidas do art. 22, da Lei Anticorrupção brasileira e os abalos à personalidade jurídica da empresa".

Concorde-se com Allegretti, para quem a degeneração moral da atuação pública não se reduz a um problema de pessoas ou de comportamentos ético políticos, mas também de adequada reforma da estrutura institucional, nesta incluída a administrativa.

Cônscio da contradição existente entre a rigidez das regras e a ausência de cobrança de cumprimento, o constituinte brasileiro de 1988 produziu profundas transformações na estrutura e no funcionamento de alguns órgãos de controle, destacando-se a elevação do Ministério Público à categoria de instituição constitucional autônoma, com prerrogativas, entre outras, para formular juízos (promoção do inquérito civil e da Ação Civil Pública, visando à proteção do patrimônio público, do meio ambiente e outros interesses difusos e coletivos – art. 129 da CF), quase um Poder do Estado, enfim. Com efeito, o Ministério Público não se subordina ao Poder Executivo e não deve obediência ao Poder

Judiciário. Sua atuação é timbrada pela autonomia, servindo à sociedade e sendo súdito da lei e da justiça.

De outro lado, a partir da Constituição de 1988 foram editadas diversas leis de cunho nacional, merecendo especial referência a Lei de Improbidade Administrativa (Lei nº 8.429/92), que impõe aos infratores penas de rigor adequado, tais como, além da constrição do patrimônio, perda de direitos políticos e demissão do cargo sem prejuízo das sanções penais a que estiverem sujeitos, a Lei de Processo Administrativo (Lei nº 9.784/99), a Lei de Licitações e Contratos Administrativos (Lei nº 8.666/93), O Código de Proteção e Defesa do Consumidor (Lei nº 8.078/90) e a Lei de Responsabilidade Fiscal (Lei Complementar nº 101/2000), entre outras, que ampliando a legitimação de pessoas e entidades, contêm dispositivos de balizamento ético e moral.

Tratando especificamente da conduta ética dos Servidores Públicos Civis da União, das Autarquias e das Fundações Públicas, a Lei Federal nº 8.027, de 12 de abril de 1990, serve de importante paradigma para Estados e Municípios, regulando a atuação funcional e rememorando as obrigações do servidor para com a Administração e o público, que é o único e fundamental destinatário de seus elevados misteres. Como consequência dessa legislação, a Presidência da República, através do Decreto nº 1.171 de 22 de junho de 1994, fez veicular Código de Conduta Ética. Esse Código, cujas prescrições, hauridas notadamente da doutrina, impõe regras deontológicas, de sorte a estipular que a dignidade, o decoro, o zelo, a eficácia e a consciência dos princípios morais são os primados maiores que devem nortear a atuação do cidadão servidor público, seja nas atribuições do cargo ou fora dele, já que refletirá o exercício da vocação do próprio poder estatal. Os atos e comportamentos de quem quer que serve ao Estado devem ser direcionados para a preservação da honra e da tradição dos serviços públicos, não se permitindo nenhuma espécie de desprezo ético em suas respectivas atitudes.

A leitura atenta do texto prefaciado nos induz a lembrar que mais forte que o poder das leis é o exemplo dignificante. Uma Administração Pública como aparelhamento integrado por agentes éticos faz espargir atuação idônea que, irradiando bons exemplos, oferece resultados conducentes a implementar força evocativa significativamente maior do que as palavras da lei. Sempre digo: os bons exemplos – tal como pedra arremessada em lago plácido – desenham círculos concêntricos dinâmicos que evoluem de modo benfazejo e incessante para as bordas.

Somando-se ao que foi exposto, não se deve perder de vista que a certeza da sanção diante de conduta reprovável é elemento de extremada importância. Nada impõe maior atenção ao indivíduo do que a sombra do cadafalso! O exemplo do arremesso da pedra ao lago pode dar-se em sentido inverso. A convicção da impunidade, como epidemia que se alastra de forma impiedosa, convulsiona, desarmoniza, subverte e anarquiza a Administração Pública. A ordem jurídica só se afirma quando há o pleno cumprimento das normas em geral, cujo conteúdo para a Administração Pública é sagrado. A inobservância das regras, mormente as de cunho ético-moral, acarreta corrupção, arbitrariedade e truculência procedimental.

Não há como discordar de que "tempos de crises institucionais, políticas, econômicas e sociais como as que estamos vivendo em face do coronavírus, modo geral, colocam na agenda dos debates internacionais e nacionais grandes e sérios perigos a determinadas conquistas, princípios e liberdades constitucionais a Democracia". Em precioso arremate, afirma o autor: "Aqui, a tentação em desrespeitar tais direitos e garantias encontra-se em seu apogeu, enquanto que os seus tradicionais mecanismos de efetivação e proteção estão em baixa; sutilezas legais podem ser deixadas de lado para serem apreciadas somente em tempos de paz e tranquilidade".

Os meus sinceros cumprimentos pela excelência da obra e pela oportunidade dos conselhos nela proclamados!

Romeu Felipe Bacellar Filho
Professor Titular aposentado da UFPR e da PUC-PR

APRESENTAÇÃO

Estes tempos de crises econômicas, políticas e institucionais que temos vivido têm apresentado ao nosso cotidiano perigos e riscos os mais diversos, inclusive ameaçadores de liberdades e garantias constitucionais, fazendo com que a efetividade dos tradicionais *checks and balances* dos Poderes do Estado – e o controle do Mercado e das relações de poder engendradas – restem periclitantes.

O fenômeno da corrupção sempre esteve muito presente nesses cenários, propiciando rotas de conflito entre instituições públicas, privadas, interesses pessoais e corporativos, e tais espaços, com seus acordos de convivência e sobrevivência conjunturais, por mais paradoxal que seja, também têm auxiliado na melhor configuração de estruturas (públicas e privadas) de contenção e prevenção a ele.

Frequentemente processos e procedimentos anticorruptivos, para além de ampliar nossos horizontes sobre as perspectivas positivas de ação e reação à corrupção, também têm gerado mudanças de posturas institucionais e sociais no sentido de sermos menos tolerantes em face desses problemas todos.

Entretanto, qualquer reflexão e ação sobre a corrupção reclama, de um lado, altos níveis de generalidade em termos de compreensão das suas causas e consequências complexas; por outro lado, também exige foco no enfrentamento e nas soluções que se possam constituir em face dela, e isso porque, ao que interessa a este trabalho, a corrupção tem se mostrado mutante em termos de adaptação às formas de sua contenção e persecução, criando inclusive mecanismos de resistência e defesa, como o patrocínio – pela via de propinas, troca de favores, tráfico ilícito de influência, negociações com setores do Mercado – de redes ou grupos de burocratas estatais.

Daí porque o advento da Lei Anticorrupção brasileira – LA nº 12.846/2013 vem preencher lacuna importante no sistema normativo nacional sobre os temas referidos, juntando-se a tantas outras disposições jurídicas vinculantes, mas agora especialmente voltada para protagonistas importantes que se encontram no mercado e que a partir dele buscam a promoção de ilícitos múltiplos visando ao enriquecimento sem causa, ao fornecimento de favores espúrios e, com isso, à depredação dos interesses e dos bens públicos.

Dada a amplitude do novel instituto, elegemos abordar alguns de seus dispositivos polêmicos, porque envolvem abordagens mais oxigenadas e ampliadas dos escopos que visam alcançar a norma, a saber: (i) propondo compreensão alargada da corrupção como fenômeno multifacetado e interdisciplinar, medida indispensável à efetividade máxima da Lei; (ii) problematizando os bens jurídicos tutelados pela LA, no sentido de que sejam interpretados em amplo espectro hermenêutico; (iii) aprofundando a perspectiva de responsabilidade objetiva das pessoas jurídicas alcançadas pela LA; (iv) indagando sobre os limites da desconsideração da personalidade jurídica enquanto mecanismo de responsabilização por atos corruptivos; (v) avaliando os problemas do chamado cadastro nacional de empresas punidas administrativamente pela LA, nomeadamente em face do direito fundamental à imagem e reputação das corporações atingidas.

Temos que o debate público desses temas – e tantos outros associados à LA – reclamam atenção imediata de todos os atores (públicos e privados) que de alguma forma se encontram albergados pela norma.

CAPÍTULO 1

A CORRUPÇÃO COMO FENÔMENO COMPLEXO

1.1 Notas introdutórias

Tanto os cenários de fragilidade econômica como os de opulência dão ensejo e fomento a comportamentos corruptivos, tanto em nível de relações pessoais como institucionais, públicas e privadas. Isso porque em tais situações demandas e interesses individuais, corporativos e sociais se veem em maior exposição (na escassez, em busca de soluções e escolhas trágicas – mais exclusivas do que inclusivas; na opulência, na seleção das escolhas cujas possibilidades são muitas).

A década de 1990 foi marcada por uma profusão de crises financeiras e políticas internacionais e nacionais muito significativas, gerando reflexos diretos na intensificação dos comportamentos corruptivos, o que fez gerar, inclusive, novo nicho de atenção e trabalho especial à mídia, refletindo na formatação da opinião pública, por certo em decorrência da espoliação dos parcos recursos para o atendimento de demandas sociais, fruto da retração do mercado naquele período histórico, reagindo negativamente ao que até então – para alguns – se afigurava como modos normais de exercício do poder.[1]

Queremos, na abertura deste livro, realizar brevíssimo evolver do comportamento institucional e social em face dos atos corruptivos, principalmente para auxiliar no processo de identificação das múltiplas causas preponderantes deste fenômeno, a partir do que podemos com maior reflexão crítica avaliar alguns aspectos da Lei Anticorrupção brasileira – LA (nº 12.846/2013).

---

[1]   Ver o texto de HEYWOOD, Paul. *Political corruption*. Oxford: Blackwell, 2001.

1.2 A corrupção como mal-estar às instituições democráticas

Em interessante texto escrito há mais de 15 anos, Benjamin Barber já advertia para o fato de que o cenário mundial de então apontava claramente uma encruzilhada às democracias contemporâneas: de um lado, as tendências centrípetas e de homogeneização da globalização, fomentadas pela fórmula democracia + mercado; de outro lado, as tendências centrífugas ou de fragmentação dos tribalismos ou localismos de resistência aos processos de exclusão social criados pelas primeiras tendências, com maior incidência em países com níveis de desenvolvimento menores que os já amplamente desenvolvidos,[2] mas também atingindo regiões muito desenvolvidas. Veja-se a notícia:

> *Corruption remains a major problem in the countries of the European Union and levels are thought to have risen over the last three years, according to the Eurobarometer survey published by the Commission today. The data shows that almost three quarters of Europeans continue to see corruption as a major problem and think that it exists at all levels of government. Eight percent of respondents say that they have been asked or expected to pay a bribe in the past year. Corruption continues to be one of the biggest challenges facing Europe. Whilst the nature and scope of corruption varies from one EU Member State to another, it harms the EU as a whole in terms of reducing levels of investment, obstructing the fair operation of the Internal Market and having a negative impact on public finances. The economic costs incurred by corruption in the EU are estimated to amount to around € 120 billion per year.*[3]

---

[2] BERBER, Benjamin R. *Jihad x McWorld:* how globalism & tribalism are re-shaping the world. New York: Ballantine Books, 1996.

[3] Disponível em: http://europa.eu/rapid/pressReleasesAction. Acesso em: 15 jan. 2020. A referida notícia de 12/01/2012 ainda destaca que: "*Corruption is a disease that destroys a country from within, undermining trust in democratic institutions, weakening the accountability of political leadership and playing into the hands of organised crime groups. Corruption can only be tackled successfully through the will and commitment of leaders and decision-makers at all levels.* Por outro lado, pesquisa feita em setembro de 2011 na Europa, sobre os impactos da corrupção, pelo Eurobarometer, demonstrou que: *The majority (74%) of Europeans believe that corruption is a major problem in their country. Almost half of all Europeans (47%) think that the level of corruption in their country has risen over the past three years; Most Europeans think corruption exists within local (76%), regional (75%) and national (79%) institutions; Europeans believe that bribery and the abuse of positions of power takes place in all areas of public service. National politicians (57%), and officials awarding public tenders (47%) are the most likely to be considered involved in such activities; 40% of Europeans believe that a too close relationship between business and politics contributes to corruption. Lack of action by politicians (36%) and a lack of transparency in the way in which public money is spent (33%) are contributing factors. The majority (68%) do not think that there is sufficient transparency and supervision of the financing of political parties; The majority of Europeans (70%) think that corruption is unavoidable and that it has always existed. Two in three*

Essa encruzilhada, entre outros efeitos que produziu, gerou profundo impacto na relação entre instituições representativas democráticas e na própria sociedade civil organizada, no sentido de fragilizar ainda mais os vínculos orgânicos de partidos políticos e governos instituídos com seus representados, insulando os espaços institucionais de exercício do Poder progressivamente, o que contribuiu, por muito tempo, para o desenvolvimento de ações corruptivas por parte dos atores políticos através das instituições a que pertenciam.

Em face disso, afigura-se necessária a formatação de arranjos institucionais capazes de coibir ações corruptivas (ativas e passivas), dadas as consequências no âmbito do fomento aos monopólios burocráticos – muitas vezes por decorrência do que se pode chamar de captura da burocracia estatal por parte de funcionários públicos e agentes privados.

A Assembleia Geral da ONU, em dezembro de 2000, aprovou a Resolução nº 55/61, reconhecendo a necessidade de se constituírem instrumentos efetivos de combate à corrupção para além da sua Convenção contra o Crime Organizado Transnacional (Resolução nº 55/25), estabelecendo então comitê *ad hoc* para negociar tais medidas.[4] O tema é tão complexo, que o texto da Convenção contra a Corrupção das Nações Unidas foi negociado durante sete sessões pelo comitê *ad hoc*, entre janeiro de 2002 e outubro de 2003 (a Convenção foi adotada pela Assembleia Geral pela Resolução 58/4, de 31/10/2003, restando conhecida como Convenção de Mérida – México), o que evidencia os conflitos de interesses existentes.

Em verdade, ficou evidente na reunião de Mérida o entendimento de que a corrupção tem de ser punida, mas fundamentalmente, e antes de tudo, prevenida com medidas eficazes de detecção a serem implementadas pelos Estados-Partes, em face dos prejuízos e danos

---

Europeans (67%) believe that corruption is part of their country's business culture; The majority of Europeans (67%) disagree that they are personally affected by corruption in their daily lives. Only a minority (29%) say they are personally affected. An even smaller proportion (8%) have been asked or expected to pay a bribe in the past year; Faced with a corruption case, Europeans are most likely to trust the police (42%) and the judicial system (41%) and least likely to trust political representatives (6%) to help them".

4   É de se registrar que a preocupação internacional com o tema advém desde a década de 1988, em especial com o surgimento da Convenção Contra o Tráfico de Narcóticos Ilícitos e Drogas Perigosas, das Nações Unidas-ONU, e a partir da década de 1990, com o envolvimento de organismos multilaterais como FMI, OEA, Banco Mundial, OCDE. Ver o texto de FLORINI, Ann (Ed.). *The third force* – the rise of Transnational Civil Society. Washington: Carnegie Endowment for International Peace, 2000.

irreversíveis – notadamente no âmbito da moralidade pública e do desgaste das instituições democráticas atingidas na espécie.

É curioso que os focos mais reincidentes de corrupção se assemelham em nível internacional, incidindo sobre financiamento de campanhas eleitorais, funcionamento dos serviços e contratações públicas; condutas indevidas de servidores no desempenho de suas funções, ações públicas e privadas que corrompem valores, instituições e pessoas. Nessa direção, vale a advertência de Mark Warren:

> *Paradoxically, a deeply corrupt regime usually operates with a high degree of reciprocal, affect-based trust. Because bribers and bribees are operating outside the law, they need to trust each other in order to maintain their relationships. They may design schemes that minimize the possibilities of betrayal, such as making payments only when corrupt services are delivered, or that limit the costs of betrayal, such as the use of middlemen. Nevertheless, the risks that one side will betray the other can be substantial so that links based on kinship or friendship can be important ways to lower the risk. The corrupt official is an untrustworthy and dishonest agent of the public interest but a trustworthy friend and relative.*[5]

Por isso as Convenções que têm sido firmadas nestes últimos tempos buscam sensibilizar os Estados firmatários que avancem no combate à corrupção, ampliando e aperfeiçoando suas legislações internas nessa direção, até pelo fato de que novas modalidades de ilícitos corruptivos – físicos e virtuais – surgem a cada momento.

No ponto, Michael Sandel chama a atenção para os riscos dos tempos atuais serem dominados por regras exclusivamente de lucro e ganhos financeiros, sem qualquer preocupação com os custos morais e éticos disso, haja vista que há mercado para se conseguir *upgrade* em celas carcerárias no mundo todo (US$82,00 por noite na Califórnia); preços tabelados para acesso às pistas de transporte solidário em Minneapolis (US$8,00 nas horas de *rush*); direito de ter acesso a telefone pessoal de médicos (US$1.500,00 por ano).[6]

---

[5] WARREN, Mark. Democratic theory and trust. In: WARREN, Mark (ed.). *Democracy and trust*. Cambridge UK: Cambridge University Press, 2006, p. 67.

[6] SANDEL, Michael. *What money can't buy*. New York: Farrar, Straus and Giroux, 2012. Ver o trabalho de BUSTOS GISBERT, Roberto. La Recuperación de la responsabilidad política en la lucha contra la corrupción de los gobernantes: una tarea pendiente. In: RODRIGUÉS GARCÍA, Nicolá; FABIÁN CAPARRÓS, Eduardo A. (coord.). *La corrupción en un mundo globalizado*: análisis interdisciplinar. Salamanca: Ratio Legis, 2014.

Essas práticas cotidianas de comportamentos e condutas – algumas até regulamentadas formalmente – vão fomentando percepções sociais destituídas de ponderações axiológico-humanistas (solidariedade, tolerância, fraternidade), coisificando cada vez mais as relações.

Os Estados nacionais, por sua vez, estão colaborando entre si, desenvolvendo ações integradas de prevenção, investigação e persecução de atos corruptivos, prestando mútua assistência – até por conta daqueles tratados e convenções internacionais –, o que facilita o intercâmbio de experiências, evidências, informações e até operações consorciadas para extradição de corruptos, observando-se a diretriz clara de que eles devem também fomentar a participação social no ponto.

A Convenção de Mérida se preocupou em estabelecer, em vários de seus artigos (7, 10, 13 entre outros), elementos de especial atenção para que se evite a corrupção, tais como: critérios transparentes para a contratação de servidores públicos, mecanismos de monitoramento e avaliação permanentes desse pessoal; regras claras de prevenção e solução de conflitos de interesses no setor público, com instrumentos de informação constante sobre os processos adotados e seus resultados; disposições claras sobre organização estatal, funcionamento e tomada de decisões, da mesma forma no que diz com as regras de gestão financeira, em especial as relacionadas à formatação e execução orçamentária, com relatórios permanentes e transparentes da relação entre receita e despesa pública; elaboração de sistemas de gerenciamento de riscos de gestão e controle interno; regras e informações claras sobre mutações contratuais e obrigacionais dos setores públicos entre outros.

Os consensos internacionais construídos até então permitem desenvolver estratégias de ampliar, para além dos mecanismos de prevenção da corrupção, a cobertura de atos corruptivos que são já tipificados criminalmente nos ordenamentos internacionais, mas ainda não nos Estados que os ratificam, em especial quando envolve a necessidade de recuperação de ativos fraudados, até pelo fato de eles contarem com redes transnacionais de corrupção que reclamam cooperação eficiente para o combate.

Nesse sentido, é interessante o conceito de corrupção que o Protocolo da Comunidade para o Desenvolvimento da África do Sul Contra a Corrupção elaborou, evidenciando bem o alcance desta patologia em termos políticos e sociais: "*Corruption means any act referred to in Article 3 and includes bribery or any other behavior in relation to persons entrusted with responsibilities in the public and private sectors which violates their duties as public officials, private employees, independent agents or other relationships of that kind and aimed at obtaining undue advantage of any kind for themselves or others".[7]*

Nos Estados Unidos, por exemplo, há toda uma estrutura organizada para o combate à corrupção, a começar pelo Departamento de Justiça (a Seção de Integridade Pública da Divisão Criminal e o *Federal Bureau of Investigation – FBI*), além das Inspetorias Gerais e do Escritório de Ética no Governo.[8] Lembra Alzira Angeli que a corrupção pública é uma das principais prioridades de investigação do FBI, apenas precedida pelo terrorismo, pela espionagem e pelos crimes cibernéticos.[9]

Mesmo assim, no ano de 2012 vários meios jornalísticos nos EUA se ocuparam de pesquisas que deram conta dos níveis de percepção social e institucional da corrupção em diversos Estados norte-americanos, identificando que nenhum deles recebeu o conceito A no *ranking* da *State Integrity Investigation* – ferramenta do *Center for Public Integrity, Public Radio International e Global Integrity*.[10] A pesquisa ainda concluiu que: "*states with well-known scandals or histories of corruption often have the toughest laws and enforcement that bring them to light. Conversely, the*

---

[7] *Southern African Development Community Protocol against Corruption*. In: PRESTON, Noel, and SAMPFORD, Charles (eds.). *Encouraging ethics and challenging corruption*, Sydney: Federation Press, 2012, p. 49.

[8] Essa Seção de Integridade Pública foi criada em 1976 tendo como objetivo consolidar em uma só unidade da Divisão Criminal do Departamento de Justiça a instauração dos processos criminais contra as autoridades públicas federais, inclusive contra agentes políticos, e em casos específicos de malversação de recursos federais, também contra autoridades estaduais e municipais. Sua jurisdição é exclusiva sobre denúncias de conduta criminal oferecidas por juízes federais, em sua maioria, crimes eleitorais e crimes causados por conflito de interesses entre agentes públicos e a Administração. A Seção de Integridade Pública também monitora as investigações e acompanha os processos judiciais em curso. In: PUBLIC INTEGRITY SECTION, CRIMINAL DIVISION, UNITED STATES DEPARTMENT OF JUSTICE. *Report to Congress on the Activities and Operations of The Public Integrity Section for 2007*. Washington D.C., 2007.

[9] ANGELI, Alzira Ester. Visão geral das agências norte-americanas contra a corrupção numa análise comparativa com a Controladoria-Geral da União. In: *Revista da Controladoria Geral da União*, Ano IV, nº 7, dezembro de 2009. Brasília: CGU, 2009, p. 83. Lembra a autora que os centros de ocupação do FBI, no particular, dizem respeito aos segmentos do combate à fraude governamental, do combate à fraude eleitoral e do combate às práticas corruptas no exterior. Tal situação apenas confirma a tese não tão nova de GIRLING, John. *Corruption, capitalism and democracy*. London: Routledge, 1997, p. 29: *The corruption does not disappear as countries develop and modernise, but rather that corruption takes on new forms.*

[10] Disponível em: www.foxnews.com/politics/2012/03/19/study-state-governments-at-high-risk-for-corruption. Acesso em: 25 set. 2021. Ver também os sites www.publicintegrity.org/; www.stateintegrity.org/ (onde se pode encontrar o resultado da pesquisa em cada um dos 50 Estados), e www.globalintegrity.org/, e neste site, os textos do *e-book The Corruption Notebooks* (1029 Vermont Ave Suite 600, Washington DC, 20005), com relatos, investigações jornalísticas e dados de todo o mundo.

report found, so-called 'quiet' states may be at higher risk for corruption, with fewer means to bring corrupt practices to light".[11]

Essa pesquisa contou com 330 indicadores de risco de corrupção, através de 14 diferentes categorias e atividades governamentais, entre as quais: acesso à informação, financiamento de campanhas eleitorais, níveis de confiança governamental, legislativa e judicial, gestão orçamentária, gerenciamento de serviços públicos, sistemas de auditorias internas junto ao serviço público, regras claras do exercício do *lobby* (*lobbying disclosure*), fundos de pensão, comissões de seguro. De acordo com Randy Barrett, Diretor de Comunicação do Centro de Utilidade Pública que coordenou a pesquisa: *"One of the most widespread issues throughout these state governments is the lack of public access to information, which, he says, is key to preventing other kinds of corruption and conflicts of interest from occurring. 'When you think about it, that's really the root of transparency. If citizens can't see into how their state does business and decision-making, that's the real problem'"*.[12]

Aquela infraestrutura institucional norte-americana destinada ao combate à corrupção – apesar dos cenários acima informados – decorreu tanto do aprendizado curativo como preventivo de comportamentos corruptivos ao longo de sua história política e social, situação distinta do caso brasileiro.

Há casos internacionais interessantes sobre controle institucional da corrupção, a saber, a Comissão Independente Contra a Corrupção de Hong Kong (*Hong Kong Independent Commission Against Corruption – ICAC Hong Kong*) e a Direção para Crimes Econômicos e de Corrupção de Botsuana (*Directorate on Corruption and Economic Crime – DCEC* Botsuana.[13] Destaca o autor que:

---

[11] *Idem*, p. 02. Ver igualmente o site www.opednews.com/articles/Pat-Robertson-Your-State, acessado em 25/09/2021, que faz interessante relação entre Estados mais religiosos e mais corruptos, dizendo que: *"the most jarring of the findings is how many sates noted for their adherence to religion came out looking shady or downright crooked. To see the comparison, look at a* Gallup Poll *on importance of religion in the individual states. So now we have it: two of our most religious states – Georgia and Virginia – are also two of the most corrupt (...) The discovery that some of the most 'religious' states are the most corrupt points out hypocrisy of staggering proportions: in the world of the Christian Right, morality and ethics are not akin to each other, especially if ethics are looked upon as secular and corruption looked upon as a means for a particular end"*.

[12] Disponível em: www.foxbusiness.com/investing/2012/03/22/americas-most-corrupt-states/. Acesso em: 26 set. 2021.

[13] SANTOS, Romualdo Anselmo dos. Institucionalização dos mecanismos anticorrupção: da retórica ao resultado. *Revista da Controladoria Geral da União*. Ano IV, nº 6, Setembro/2009. Brasília: CGU, 2009, p. 85 e seguintes.

Baseada nesses dois *benchmarks* e nas suas derivações, e levando em consideração suas principais funções, a Organização para a Cooperação e o Desenvolvimento Econômico – OCDE, em extenso e oportuno relatório, sugere o agrupamento das instituições anticorrupção em três modelos, a saber: agências multipropósitos; instituições de aplicação coercitiva da lei; e instituições de prevenção, coordenação e desenvolvimento de políticas (OECD, 2007). As primeiras baseiam-se nos pilares da repressão e prevenção da corrupção (monitoramento, investigação); as seguintes na investigação e na linha processual (procuradorias e agências de investigação judiciária); e as últimas na pesquisa, análise e elaboração de políticas, ou seja, de natureza científica e de assessoramento sobre o tema (SOUSA, 2008). Estas instituições têm demonstrado a efetividade de uma instituição única anticorrupção na implementação de políticas e leis anticorrupção e a necessária separação destas instituições da polícia, particularmente quando a polícia é considerada corrupta.[14]

Também a República da Coréia (Coréia do Sul) criou o seu K-PACT (*Korean Pact on AntiCorruption and Transparency*), sistema anticorrupção constituído por meio de ampla aliança de esforços que envolve todos os setores da sociedade (governo, partidos políticos, ONGs, grandes empresas) para o reconhecimento dos valores éticos, dos malefícios da corrupção e para o comprometimento de todos em não tolerar ou fomentar a corrupção.[15]

No caso de Hong Kong, para evitar que os super poderes fossem mal entendidos pela população e garantir o *check and balance*, a ICAC estabeleceu, desde o início, comitês consultivos de cidadãos, com a presença inclusive de críticos da iniciativa. Entre as funções dos comitês estavam: o assessoramento à política geral anticorrupção; a análise das práticas, procedimentos e operações da ICAC; a supervisão dos relatórios e ações de prevenção da corrupção; o assessoramento em campanhas publicitárias de cunho moral e educacional; o recebimento de queixas e denúncias contra as ações, práticas e procedimentos da ICAC e dos seus servidores, com a recomendação de punições adequadas e mudanças de procedimentos.[16]

---

[14] *Idem*, p. 87.

[15] Ver UNITED NATIONS DEVELOPMENT PROGRAMME. *Institutional Arrangements to Combat Corruption. A comparative Study*. Bangcok Thailand: UNDP Regional Centre in Bangkok, 2005.

[16] ICAC (2008). Operations Department Review 2007. Disponível em: http://www.icac.org.hk/filemanager/en/Content_1020/ops2007.pdf . Acesso em: 02 out. 2021.

A ICAC então se organizou em três departamentos: operações – para investigação, detenção e suporte para processar indivíduos envolvidos em corrupção; prevenção da corrupção – com a finalidade de avaliar os riscos de corrupção das organizações públicas; e relações com a comunidade – para angariar apoio, obter informações e mudar a atitude da sociedade diante da corrupção.

No modelo africano o DCEC está organizado em sete subunidades (processual, investigação, inteligência, prevenção da corrupção, educação pública, recursos humanos e treinamento e gestão de sistemas), sendo que suas ações são marcadamente investigativas, com destaque para crimes de lavagem de dinheiro e acesso a informações de inteligência financeira; acrescente-se também a atuação no exame de práticas e procedimentos dos organismos públicos para subsidiar a avaliação e o assessoramento nas áreas de riscos de corrupção.[17]

Importa, agora, verificarmos qual o perfil da corrupção no âmbito da institucionalidade brasileira.

1.3 A institucionalidade corruptiva no Brasil: alguns elementos historiográficos

Um dos grandes intelectuais deste país, Caio Prado Jr., quando se referiu à sociedade colonial brasileira, disse: "Numa palavra, e para sintetizar o panorama da sociedade colonial: incoerência e instabilidade no povoamento; pobreza e miséria na economia; dissolução nos costumes; inércia e corrupção nos dirigentes leigos e eclesiásticos".[18] Ou seja, desde os tempos coloniais – por certo que reproduzindo a matriz de formatação política e de gestão da coroa portuguesa de então – a experiência da corrupção está presente na história nacional.

O escritor português Vitorino Godinho relata que o cenário (des)organizacional do governo e Estado lusitanos foram transferidos à colônia brasileira com particularidades fomentadoras do quadro desenhado por Prado Jr., isso é, com leis confusas, morosidade e ineficiência das estruturas administrativas estatais, justaposição de funções e competências institucionais, acumulação de cargos e abuso de autoridade dos servidores públicos, inexistência de sistema jurídico operoso, havendo ainda confusão extrema entre espaço público e privado – ou,

---

[17] *Idem.*

[18] PRADO JR., Caio. *Formação do Brasil contemporâneo*. São Paulo: Brasiliense, 1979, p. 356.

melhor dizendo, ocorrendo verdadeira possessão do espaço público pelo privado.[19]

Por certo que em tais condições o estímulo aos desmandos e desvios de interesse público somou-se à locupletação ilícita tanto de agentes públicos como da iniciativa privada à custa do erário.

Evaldo Mello, em excelente texto, mostra como a relação entre Coroa e Colônia (na relação Portugal-Brasil), em especial no processo de constituição das estruturas burocráticas de gestão institucional e política, sempre foi marcada por altos índices de aceitação e ou tolerância em face dos atos corruptivos, mormente quando não avençava a Coroa diretamente com os enviados ao Brasil para lhe representar termos de apossamento parcial do patrimônio público, transformando-o em privado.

> Como compensação pelos modestos ordenados pagos às autoridades ultramarinas, o recrutamento em Portugal de governadores, magistrados e outros funcionários já pressupunha que a coroa fecharia os olhos às irregularidades cometidas por seus agentes, desde que atendidas duas condições implícitas: a primeira, a de não atentar contra as receitas régias; a segunda, a de agirem com um mínimo de discrição (...).
> Durante o exercício trienal do cargo, tinham direito a uma comissão sobre o valor dos contratos de arrecadação de impostos, dada a título de incentivo para que garantissem que as arrematações seriam efetuadas pelos montantes favoráveis do ponto de vista da real fazenda, mas também para desestimulá-los de participarem de tais operações por intermédio de testas de ferro.[20]

---

[19] GODINHO, Vitorino Magalhães. Finanças públicas e estrutura do Estado. In: *Ensaios:* sobre a história de Portugal. Lisboa: Sá da Costa, 1978, p. 37. FIGUEIREDO, Luciano Raposo (A corrupção no Brasil colônia. In: AVRITZER, Leonardo (org.). *Corrupção*: ensaios e críticas. Belo Horizonte: UFMG, 2008, p. 211) lembra que a "política régia de remunerar mal seus servidores tornava tácita a possibilidade de complementação com ganhos relacionados à sua atividade, especialmente nas colônias".

[20] MELLO, Evaldo Cabral de. Pernambuco no período colonial. In: AVRITZER, Leonardo (org.). *Corrupção*: ensaios e críticas. Belo Horizonte: UFMG, 2008, p. 219/220. Lembra o autor que a aliança entre a burocracia régia e os mercadores do Recife, forjada ao longo da segunda metade do século XVII e ao longo do XVIII, baseou-se nessas conivências lucrativas bem mais do que nos laços de solidariedade ou convicção por parte das autoridades da coroa de que os que no Brasil estavam eram vassalos mais fiéis do que os nativos (p. 224). Mais adiante, informa o autor que: "Ainda outras fontes de ganho ilícito reportavam-se à competência dos governadores como superintendentes das fortificações, o que lhes rendia comissões de empreiteiros: ao controle que exerciam sobre a partida dos navios que fundeavam no Recife, inclusive a autorização a embarcações estrangeiras para ancorarem; à responsabilidade pelo suprimento de farinha de mandioca e de carne ao Recife e Olinda, em violação da jurisdição das câmaras municipais". (p. 225).

José Murilo de Carvalho tem tese interessante sobre esses fenômenos na medida em que sustenta serem as acusações de corrupção no Império, e mesmo na Primeira República, dirigidas não às pessoas, mas ao sistema político e governativo, sendo que é na Era Vargas (1945) que se estruturam acusações mais pessoais à figura do governante, concluindo, todavia, que "a reação mais lúcida *à* corrupção envolve, sim, o comportamento individual, mas o enquadra em perspectiva política e sistêmica, não moralista".[21]

Temos que associar essa mudança de paradigma no enfrentamento da corrupção no período Vargas também à estratégia político-partidária de seus opositores (em especial os da UDN), tendo em vista até o perfil populista/personalista do Presidente – assim, atingindo pessoalmente o Presidente, lançaria dúvidas sobre a legitimidade de sua liderança. Veja-se que Juscelino Kubitschek – JK, sucessor de Vargas e aliado ao campo getulista, nas eleições de 1955 sofreu idênticos ataques, em especial diante de sua política desenvolvimentista, focada na construção de grandes obras públicas – o que envolveu vultosos contratos e circulação de recursos financeiros, ensejando especulações corruptivas.

Tal situação é tão explícita, que a campanha de Jânio Quadros na sucessão de JK (eleições de 1960) foi pautada, entre outros temas, pela questão da corrupção, adotando o candidato, como instrumento figurativo, o uso de uma *vassoura* enquanto símbolo do compromisso de varrer do Estado a corrupção e seus artífices, fato que contribuiu em muito à rejeição de João Goulart (representante da aliança de matiz getulista PTB/PSD) – vice de Jânio Quadros – para assumir a vaga deixada pela renúncia do Presidente.

Mesmo no regime de exceção das décadas de 1960 a 1980, logo após as evidências de que o perigo do comunismo não era tão grande como se imaginava, foi a corrupção outra base argumentativa de sustentação da ditadura. "É no período imediatamente posterior ao 31 de março de 1964 que se consolida o discurso de que o golpe visava a um inimigo duplo, subversão-corrupção, e as ações repressivas são

---

[21] CARVALHO, José Murilo de. Passado, presente e futuro da corrupção brasileira. In: AVRITZER, Leonardo (org.). *Corrupção*: ensaios e críticas. Belo Horizonte: UFMG, 2008, p. 238. Esta perspectiva é interessante ao debate, mas não nos filiamos ao entendimento do autor de que o tamanho do Estado tem relação direta com o tamanho da corrupção (p. 239), e que a construção de Brasília, por ter libertado os congressistas do controle social mais direto do povo, também, por si só, tem responsabilidade destacada no aumento da corrupção, eis que essas variáveis podem ser muito bem enfrentadas com políticas públicas de controle externo e interno da gestão pública.

apontadas nessa direção".[22] Heloisa Starling enuncia que: "Na fantas-magoria do quartel, corrupção era resultado dos vícios produzidos por uma vida política de baixa qualidade moral e vinha associada, *às vés-peras do golpe*, ao comportamento viciado dos políticos diretamente vinculados ao regime nacional-desenvolvimentista".[23]

Ocorre que as forças militares não ficaram totalmente livres das chagas da corrupção que tanto diziam enfrentar; basta lembrar o polê-mico *Relatório Saraiva*, envolvendo Delfim Neto: no governo de Ernesto Geisel, Delfim foi nomeado embaixador em Paris, ocasião em que o adido militar brasileiro ali, coronel Raimundo Saraiva, elaborou um dossiê com denúncias de corrupção envolvendo-o, sob o argumento de que o economista estaria cobrando comissões de 10% sobre emprés-timos de bancos franceses (falava-se de US\$6 milhões), e estaria ligado ao irmão de Giscard D'Estaing, então presidente da França.[24] Delfim, em entrevista ao Jornal Opção, diz que este relatório *era um bando de mentiras. Simplesmente, fogo amigo*, sugerindo que o documento foi ela-borado pela linha dura dos militares.[25] Como diz Eli Diniz:

> O Brasil pós-autoritarismo pode ser considerado, certamente, um país de democracia consolidada quanto aos requisitos liberais clássicos. Refiro-me às liberdades básicas, como as de organização, de expressão, de consciência, de participação eleitoral, entre outras. Por outro lado, revela-se um sistema extremamente deficitário quanto à eficácia dos mecanismos de cobrança e de prestação de contas, inexistindo prati-camente os instrumentos garantidores da responsabilização pública dos governantes diante da sociedade e de outras instâncias de poder. Desperdícios, fraudes, desvios de recursos, abuso de poder, nepotismo e tráfico de influência tornam-se práticas generalizadas de difícil prevenção ou punição. (...) o excesso de discricionariedade dos governos da Nova República acentuou essa tendência, o que fez com que fossem geradas

---

[22] *Idem*, p. 247.

[23] STARLING, Heloisa Maria Murgel. Ditadura militar. In: AVRITZER, Leonardo (org.). *Corrupção*: ensaios e críticas. Belo Horizonte: UFMG, 2008, p. 251. Lembra a autora que o regime militar falhou em sua luta contra a corrupção, entre outras causas, porque teve dificuldades de ir além de uma visão estritamente moral da corrupção. "O resultado desta visão torta *é* previsível: numa perspectiva moralista a coisa pública não se recupera, ela continua inexoravelmente concentrada no mesmo padrão anterior de corrupção. Dito de outra forma: mantido o ponto de vista moral, o vício *é* sempre público, a virtude sempre privada e nada chega *à* política." (p. 253).

[24] In: http://www.pampalivre.info/figueiredo.htm. Acesso em: 02 out. 2012.

[25] In: http://www.jornalopcao.com.br/colunas/imprensa/delfim-diz-que-foi-socialista-e-perseguido-pela-ditadura. Acesso em: 02 out. 2012.

burocracias, insuladas do escrutínio público, cujas decisões passariam ao largo dos procedimentos rotineiros de controle democrático.[26]

Esclarece Diniz que a diluição das fronteiras entre o público e o privado e a apropriação dos recursos públicos por interesses privados gradativamente foram configurando no Brasil a chamada *privatização do Estado*, tendo o corporativismo estatal consagrado o padrão setorial de articulação dos interesses empresariais com o Estado, paralelamente à exclusão dos representantes dos trabalhadores dos arranjos corporativos, traduzindo-se na alta permeabilidade da máquina burocrática aos interesses dominantes.[27]

Os escândalos envolvendo corrupção só aumentaram com a democratização no país; basta ver o histórico das décadas de 1980, 1990 e 2000, a saber: (a) década de 1980 – Caso Capemi, Caso Baumgarten, Escândalo da Mandioca (1979 e 1981), Escândalo do Instituto Nacional de Assistência Médica do INAMPS, Caso Coroa-Brastel (1985), Escândalo do Ministério das Comunicações (grande número de concessões de rádios e TVs para políticos aliados ou não ao Sarney; a concessão é em troca de cargos, votos ou apoio ao presidente), CPI da Corrupção (1988), Caso Ibrahim Abi-Ackel; (b) década de 1990 – Caso Paulo César Farias – PC, do Presidente Fernando Collor de Melo, Caso da Eletronorte, Caso do FGTS, Escândalo da Merenda, Caso Vasp, a ponto de se criar o Centro Federal de Inteligência (Criação da CFI, primeira Medida Provisória do governo Itamar Franco para combater corrupção em todas as esferas do governo federal – 1992); Escândalo dos Bancos e muitos outros.

Ainda no ano de 2000 não se pode esquecer os seguintes eventos: Escândalo da Quebra do Sítio do Painel do Senado (envolvendo os presidentes do Senado Antônio Carlos Magalhães e Jader Barbalho); Caso Celso Daniel, Caso Lunus (ou Caso Roseana Sarney), Operação Anaconda, Escândalo do Propinoduto, Escândalo dos Bingos (ou Caso Waldomiro Diniz), Caso Kroll, Escândalo dos Correios (também

---

[26] DINIZ, Eli. A reforma do Estado: uma nova perspectiva analítica. In: COELHO, Maria Francisca Pinheiro *et al.* (org.). *Política, ciência e cultura em Max Weber*. Brasília: UnB, 2000, p. 138.

[27] *Idem*, p. 140. E diz mais, com o que concordo: "O estreitamento dos vínculos entre elites estatais e empresariais, em certos momentos no tempo e em determinadas agências burocráticas, sob os efeitos de um contexto não-competitivo, gerou situações de intricado entrelaçamento de interesses e de subordinação do público ao privado. Em alguns casos observou-se a articulação de redes ligando atores empresariais, políticos e burocratas, em diferentes esferas do poder, a qual objetivara a apropriação de rendas em benefício privado" (p. 141).

conhecido como Caso Maurício Marinho), Escândalo do Mensalão, Máfia do Lixo, Escândalo da Brasil Telecom, Escândalo das Sanguessugas (inicialmente conhecida como Operação Sanguessuga e Escândalo das Ambulâncias), Operação Hurricane (também conhecida Operação Furacão), Operação Navalha, Caso Renan Calheiros ou Renangate, Caso Joaquim Roriz (ou Operação Aquarela), Escândalo do Corinthians (ou caso MSI), Caso de Fraudes em Exames da OAB entre outros.

Mais recentemente ainda temos o escândalo da Lava a Jato, evidenciando os tentáculos mais profundos da corrupção entrelaçando parlamentares, agentes do governo federal e do mercado econômico privado (nacional e internacional).

Qual a memória que a Sociedade Civil tem desses eventos? Que informações há sobre eles a ponto de se transformarem em opinião pública consolidada e crítica em face da corrupção?

1.4 Qual o papel da sociedade civil?

Em termos de opinião pública generalizada da Sociedade Civil brasileira é interessante a advertência de Carvalho no sentido de que é a classe média que tem tido importância destacada em face do combate à corrupção, na medida em que ela é a que menos se beneficia das políticas sociais desenvolvidas pelo Estado; a que mais paga tributos, sujeita-se às leis e depende menos das estruturas de poder privado e mesmo do Estado, produzindo visões críticas sobre o governo. O problema é que essa classe média, em tempos de maior estabilidade econômica como a que vive o Brasil, perde substancialmente a solidariedade das classes pobres e ricas, eis que as primeiras são amplamente beneficiadas por programas estatais de inclusão social (fazendo valer o dito popular de que *Fulano rouba, mas faz!*), e as segundas, por estarem igualmente levando vantagens da economia aquecida, não estão muito preocupados em alterar o cenário das relações corruptivas. É esclarecedora a síntese de Carvalho:

> São muito diversificadas as atitudes diante da corrupção. Há os moralistas, que a julgam sinal da degradação dos costumes. Há os céticos fatalistas, para quem ela sempre está no DNA do brasileiro. Há os cínicos, para quem o país é assim mesmo, o melhor é aproveitar. Há os instrumentais, que a consideram um meio para atingir objetivos. Em chave conservadora, é o instrumentalismo do rouba, mas faz. Em chave

CAPÍTULO 1
A CORRUPÇÃO COMO FENÔMENO COMPLEXO | 33

de esquerda, é a ideia de meio para promover a justiça social. Há os sistêmicos de esquerda para quem o que deve ser virtuoso é o sistema, não importando os vícios das pessoas. E há os sistêmicos liberais, não moralistas, para quem também o mais importante é virtude do sistema, mas que considera o governo honesto e eficiente como parte integrante da virtude do sistema, um fim em si e não apenas o meio.[28]

Aliás, há quem defenda que a corrupção pode ser benéfica ao desenvolvimento econômico e político, exatamente quando serve de instrumento para o capital privado, operando a superação de barreiras burocráticas e integrando as elites políticas e de capacidade governativa; é prejudicial, todavia, quando suas consequências atingirem níveis de descontrole e decadência da legitimidade governativa – o que afeta diretamente as instituições.[29]

Temos que não pode se sustentar tal perspectiva, a uma, porque naturaliza o tema da corrupção sob o argumento de que ela é própria e inexorável da interface entre setores públicos e privados, gerando espaços de maximização de interesses individuais (*rent-seeking*), ou corporativos, pela via de atos corruptivos os mais amplos possíveis (propina, suborno, fraudes etc.); a duas, porque aqui se dá a superação da política pela economia, que estabelece a pauta da articulação dos atores políticos a partir da lógica da competição e cooperação entre eles orientadas por determinados fins.

Por outro lado, se a Democracia está intimamente vinculada à virtude enquanto devoção ao bem público, as lições de Montesquieu e Locke[30] já ensinaram que dificilmente os indivíduos conseguem ser virtuosos o tempo todo, razão pela qual as possibilidades do *rent-seeking* e outras ações corruptivas estão sempre presentes na arena política e social, o que implica termos a consciência da necessidade de se aperfeiçoar permanentemente o controle da corrupção tanto no plano institucional como no pessoal.

Isso não significa que na ausência desses controles a corrupção se põe como inevitável, sob o argumento de que "um bom governo presta contas se os cidadãos possuem mecanismos efetivos para fazer

---

[28] CARVALHO, José Murilo de. *Passado, presente e futuro da corrupção brasileira. Op. cit.*, p. 241.

[29] Conforme texto de NYE, Joseph. Corruption and political development: a cost-benefit analysis. *American Political Science Review*, v. 61, nº 4, 1967.

[30] Ver os textos de MONTESQUIEU (*O espírito das leis*. Brasília: UnB, 2001) e MILLER, Seumas (*The moral foundations of social institutions*: a philosophical study. New York: Cambridge University Press, 2010).

executar suas demandas e sancionar aquelas administrações que não ouvem seus reclames políticos".[31] Há vários exemplos de governos que prestam contas independentemente de estarem coagidos a isso; basta ver o exemplo das informações eletronicamente disponíveis em sites como o da transparência governamental (http://www.portaltransparencia.gov.br/), onde se pode obter todo o tipo de informação envolvendo a Administração Pública Federal e seus vínculos estaduais e municipais.[32]

É preciso que mencionemos igualmente, a partir de setembro de 2003, a iniciativa da Controladoria Geral da União na criação do Projeto de Mobilização e Capacitação de Agentes Públicos, Conselheiros Municipais e Lideranças Locais, visando orientar os servidores municipais sobre práticas de transparência na gestão, a responsabilização e a correta aplicação dos recursos públicos, bem como contribuir para o desenvolvimento e o estímulo do controle social. Esse projeto foi institucionalizado em 2004, através do *Programa Olho Vivo no Dinheiro Público*, sendo que até dezembro de 2008 foram realizados 124 eventos de educação presencial, com a participação de 1.011 municípios de todo o país, tendo sido mobilizados e capacitados 5.153 conselheiros municipais, 5.300 agentes públicos municipais e 5.857 lideranças locais.[33]

Em termos de legislação infraconstitucional, notadamente no âmbito dos serviços públicos, podemos citar algumas normativas brasileiras que igualmente vão naquela direção de transparência associada com participação política da comunidade, dentre as quais: (a) a Lei Federal nº 8.987/95, regulando – ainda que de forma tímida – a participação dos usuários na execução da prestação de serviços públicos por concessionárias e permissionárias;[34] (b) a Lei Federal nº 9.427/96, que trata do setor elétrico, exigindo audiência pública para a tomada de decisões que afetem consumidores e mesmo agentes econômicos envolvidos, a ser convocada pela Agência Nacional de Energia Elétrica; (c) a Lei Federal nº 9.472/97, que trata das Telecomunicações, demandando

---

[31] Como quer PERUZZOTTI, Enrique. Accountability. In: AVRITZER, Leonardo (org.). *Corrupção*: ensaios e críticas. Belo Horizonte: UFMG, 2008, p. 478.

[32] Lembramos também que, por força constitucional, a Administração Pública deve promover a transparência de sua gestão fiscal. Nesse sentido, a Lei Complementar nº 131/09 acrescentou dispositivos à Lei Completar nº 101/00, a fim de determinar a disponibilização, em tempo real, de informações pormenorizadas sobre a execução orçamentária e financeira da União, dos Estados, do Distrito Federal e dos Municípios.

[33] Conforme dados colhidos no site www.cgu.gov.br/olhovivo. Acesso em: 09 ago. 2012.

[34] O que já estava previsto na dicção do art. 175, §único, II, da Constituição Federal de 1988. Na mesma direção, ver os dispositivos da Lei Federal nº 9.074/95.

CAPÍTULO 1
A CORRUPÇÃO COMO FENÔMENO COMPLEXO | 35

consulta pública para o debate dos regulamentos que gestarão tais serviços; (d) a Lei Federal nº 9.472/97, que trata da Agência Nacional do Petróleo, perquirindo também audiência pública para quaisquer ações ou decisões que atinjam consumidores direta ou indiretamente; (e) a Lei Federal nº 10.257/2001, que trata do Estatuto da Cidade, criando uma série de instrumentos e espaços de participação social; (f) a própria Lei Anticorrupção, nº 12.846/2013, objeto deste trabalho.[35]

Em nível constitucional mais direto, ainda temos o instituto da Ação Popular, que exatamente foi constituído como ferramenta da cidadania para o exercício do seu direito de participação civil e política mais efetivo (implicando aí o controle de atos corruptivos, por óbvio), já que ela determina, nos termos do art. 5º, inciso LXXIII, que "qualquer cidadão é parte legítima para propor ação popular que vise anular ato lesivo ao patrimônio público ou de entidade de que o Estado participe, à moralidade administrativa, ao meio ambiente e ao patrimônio histórico e cultural, ficando o autor, salvo comprovada má-fé, isento de custas judiciais e do ônus da sucumbência".

A despeito de ser esse instituto regulado por lei infraconstitucional anterior à Constituição de 1988 (Lei Federal nº 4.717, de 29 de junho de 1965), o Constituinte deixou absolutamente explícita a sua recepção em face até do significado histórico e republicano que ele representa, oportunizando ferramenta neural à densificação material do Direito Fundamental à Participação Política e Social.

A própria legislação regulamentadora da Ação Popular amplia, em seu art. 1º, o leque de situações em que o cidadão-eleitor brasileiro pode atuar diretamente no âmbito do controle da Administração Pública, a saber:

> Qualquer cidadão será parte legítima para pleitear a anulação ou a declaração de nulidade de atos lesivos ao patrimônio da União, do Distrito Federal, dos Estados, dos Municípios, de entidades autárquicas, de sociedades de economia mista, de sociedades mútuas de seguro nas

---

[35] Para não perder a oportunidade de referência, no âmbito do Governo Federal, há hoje cerca de 60 (sessenta) Conselhos de participação social, nas mais diversas áreas de interesse público, e 10 (dez) Fóruns Nacionais com a mesma oportunidade (sobre temas diferenciados), conforme informação extraída do sítio www.brasil.gov.br/participação_popular, acessado em 20 set. 2011. Abordei este tema no trabalho intitulado *Esfera pública e participação social: possíveis dimensões jurídico-políticas dos direitos civis de participação social no* âmbito *da gestão dos interesses públicos no brasil.* (LEAL, Rogério Gesta (organizador). *A Administração Pública compartida no Brasil e na Itália:* reflexões preliminares. Santa Cruz do Sul: Edunisc, 2008).

quais a União represente os segurados ausentes, de empresas públicas, de serviços sociais autônomos, de instituições ou fundações para cuja criação ou custeio o tesouro público haja concorrido ou concorra com mais de cinqüenta por cento do patrimônio ou da receita ânua, de empresas incorporadas ao patrimônio da União, do Distrito Federal, dos Estados e dos Municípios, e de quaisquer pessoas jurídicas ou entidades subvencionadas pelos cofres públicos.

Por tais razões **é** que queremos sustentar que, para além de instrumento processual, a Ação Popular consubstancia verdadeiro direito material fundamental de participação política, fundada que está também nos princípios informadores do regime democrático da República brasileira, notadamente no que diz com a "fonte primária do poder político (art. 1º, parágrafo **único,** da Constituição), dos quais deflui a idéia de que vivemos num Estado Democrático de Direito, onde ao cidadão cabe o poder fiscalizador da gestão dos negócios públicos e coletivos".[36]

Com tal amplitude de possibilidades de participação cidadã na gestão do seu cotidiano, inclusive em termos de controle dos atos da Administração Pública, somadas às facilidades processuais que se oportunizam na espécie (dentre outros institutos), não podemos mais falar em ausência de instrumentos e mecanismos jurídico-processuais que viabilizem a luta contra a corrupção. Mas se isso é verdade, o que se pode perguntar, agora, **é** se tais mecanismos e ferramentas têm sido efetivamente utilizados pela cidadania brasileira no exercício de seus direitos e deveres constitucionais.

Talvez o elo mais fraco dessa rede de variáveis que importam ao controle da corrupção esteja alojado na questão da virtude cívica voltada à participação política da cidadania, pois de nada adiantam as ferramentas que se têm criado ao longo do tempo – algumas até por explícita exigência legal –, se elas não são ativadas/manejadas suficientemente pelos legitimados a fazê-lo. E esse é um problema secular, pois conhecido pensador alemão chamado Ulrich K. Preuss já disse que a incumbência dos negócios públicos, historicamente, não poderia ser

---

[36] SILVA, José Afonso da. *Ação popular constitucional*. São Paulo: Malheiros, 2007, p. 78. Ver igualmente os textos de: FURTADO, Elisabeth Timbó Corrêa. *Ação popular:* mecanismo de controle dos atos da Administração Pública pelo cidadão. São Paulo: LTr, 1997; GOMES JR., Luiz Manoel. *Ação popular*: aspectos polêmicos. Rio de Janeiro: Forense, 2004; GRINOVER, Ada Pellegrini; MENDES, Aluisio Gonçalves de Castro; WATANABE, Kazuo. (organizadores). *Direito processual coletivo e o anteprojeto de Código Brasileiro de processos coletivos*. São Paulo: Revista dos Tribunais, 2007; VITTA, Heraldo Garcia. *O meio ambiente e a ação popular*. São Paulo: Saraiva, 2000.

CAPÍTULO 1
A CORRUPÇÃO COMO FENÔMENO COMPLEXO | 37

sustentada pela lógica de que deveriam por eles responder somente as pessoas que detinham mais posses, riquezas, prestígio, e mesmo pela tradição, mas que em algum momento a humanidade dar-se-ia conta de que todos os indivíduos valorosos por seus compromissos com a comunidade estariam aptos a desenvolver atividades de gestão dos interesses comunitários.[37]

1.5 Notas conclusivas

Desde a Idade Moderna, a figura do cidadão alcança protagonismo político e jurídico sem precedentes, mesmo em Estados Nacionais totalitários que se forjaram desde então, atingindo hoje a condição que Preuss chama de cidadão da terra (global).[38] Com tal importância, ele, ao mesmo tempo, vê ampliados seus direitos e prerrogativas constitucionais, *e seus deveres constitucionais*, já que figura como corresponsável – no modelo de democracia representativa – pela constituição da sua própria história e as formas (normativas) a partir das quais ela se desenvolve.[39]

---

[37] PREUSS, Urlich K. *The ambiguous meaning of citizenship*. Trabalho apresentado na University of Chicago Law School, no Center for Comparative Constitutionalism, em dezembro de 2006. Disponível em: www.universityofchicago/lawschool/papers. Acesso em: 20 out. 2008. Diz textualmente o autor: *At one point in human history somebody had the idea that the handling of the affairs of his community was not necessarily incumbent upon the big landowners, the wealthy, the military leaders or the heads of the most powerful tribes, clans, and families, in other words: upon the 'natural' masters of the community; rather, the survival and the well-being of the community might be better served if its matters were conducted by a class of individuals who due to their personal qualities and resources were valuable for the community as a whole. This was the birth of the idea of citizenship.* Na mesma direção, ver o texto de RIESENBERG, Peter. *Citizenship in the Western Tradition. Plato to Rousseau*. Chapel Hill/London: The University of North Carolina Press, 2000.

[38] Refere textualmente o autor: *Even in the modern absolutist state which emerged in the 17th century citizenship had not been entirely abolished and forgotten. Its persisting timeliness can be viewed from the fact that the European Union has recently created the new status of European citizenship (more precisely: Union citizenship) and that, moreover, even the 18th century-idea of humankind and cosmopolitism has now found its current equivalence in the notion of 'earth citizenship.* PREUSS, Urlich K. *The ambiguous meaning of citizenship. Op. cit.*, p. 02.

[39] E no plano da Teoria Política, não há nada de novo aqui, haja vista ser este o conceito formal de cidadania apresentado por ARISTÓTELES. *Politics*. New York: Basic Books, 2000, p. 16: *The good citizen should know and have the capacity both to rule and to be ruled, and this very thing is the virtue of a citizen.* É óbvio que tem de se ter presente aqui a dimensão material desse conceito no tempo e espaço de Aristóteles, uma vez que *The Aristotelian "capacity" to rule was a matter of status, not of ability*, no sentido de que esta capacidade estava ligada às questões do poder material e monárquico existentes. Em face disso, *in fact, throughout the history of ancient Greek citizenship the citizens were always a minority. On no account did they rule only themselves. They ruled over the great bulk of non-citizens: slaves, women, children, metics, aliens and other categories of individuals who lived within the physical boundaries of Attica*, conforme

O que ocorre é que esse cidadão global não mais opera a constituição de sua história voltado exclusivamente para demandas e interesses que são somente seus, como se fosse um sujeito transcendental, solipsista, mas o faz enquanto membro da comunidade nacional e internacional de iguais (ao menos no âmbito da formalidade), que precisa, em face disso, edificar consensos não coatados de projetos inclusivos de vida social, tendo como diretrizes societárias centrais aquelas elencadas pelos plexos axiológicos que os identificam enquanto comuna, formatados ou não (hábitos, tradições, costumes) juridicamente.

Vários organismos internacionais especializados na análise das causas e dos efeitos da corrupção têm referido que há determinadas variáveis mais constantes facilitadoras da corrupção, entre elas: o tamanho do Estado; o grau de intervenção deste sobre a economia; o nível de salários do funcionalismo público e a qualidade da legislação anticorrupção; a qualidade de instituições como o poder judiciário e do aparato de fiscalização estatal; o grau de democratização do país; o grau de abertura da economia e a dimensão da dotação de recursos naturais; o grau de burocratização das atividades e o grau de interação direta entre funcionários públicos e usuários dos serviços.[40]

Como diz Luís de Sousa, a verdade é que as políticas de controle à corrupção não podem ser definidas através de medidas avulsas, esporádicas e cosméticas.

> O combate à corrupção faz-se através de um *"cocktail"* de medidas: (1) de natureza diversificada (preventivas, repressivas e educacionais; legislativas, institucionais e processuais); (2) de escopo holístico ou incremental; (3) de impacto multifacetado (ao nível da ética individual, da cultura organizacional das instituições, e até mesmo ao nível das estruturas sociais e econômicas de uma sociedade política); e (4) de uma

---

WALZER, Michael. *Thinking politically*: essays in political theory. New York: Vail Ballou Press, 2007, p. 36.

[40] Discordo de ROSE-ACKERMAN, Susan. *Trust, honesty, and corruption*: reflection on the state-building process, publicado no Archives of European Sociology, 2001, disponível em: http://papers.ssrn.com/abstract=283429, acessado em: 19 nov. 2012, quando sustenta, numa perspectiva extremamente liberal, que: *Governments are needed in just those situations in which people cannot trust each other voluntarily to take others-interests into account. The state is a way of managing inter-personal conflicts without resorting to civil war.* Isso porque tenho como equivocada a estratégia que muitas instituições utilizam – dentre elas o Banco Mundial – no sentido de demonizar os Estados como instituições que geram e alimentam, ao natural, atos corruptivos.

mistura complexa e nem sempre equilibrada de incentivos e sanções se consegue controlar.[41]

Se o combate à corrupção enquanto política pública tem como objeto identificar, compreender e atuar preventivamente sobre áreas de risco e culturas organizacionais, é preciso entendermos que a lei, tão somente, não pode ser, nem é, substituta da ética comportamental de todos os sujeitos sociais.

Efetivamente houve mudanças nestes cenários das relações sociais que esgarçaram o espaço público a ponto de tonificar o papel de outros atores que não os oficiais na gestão do interesse público – como a imprensa –, cujas implicações se estendem ao controle da gestão pública, a despeito dos equívocos/exageros denuncistas e espetaculares levados por vezes a cabo, os quais podem "anestesiar a opinião púbica, de maneira que novas revelações sobre a corrupção deixem de ser escandalosas, ou que simplesmente fomentem atitudes de descrença frente *às* instituições representativas, o que pode ter consequências negativas para a democracia".[42]

É preciso, pois, mantermos relações equilibradas entre todas essas variáveis e os fatores de imbricações que o tema da corrupção evoca, para não perdermos exatamente o objeto central de combate a esta verdadeira patologia social e institucional.

Os avanços da Democracia brasileira há muito se fazem sentir, amadurecendo o sistema jurídico e político assim como a opinião pública sobre essas questões que envolvem a corrupção, caminho esse que é interminável até em face da capacidade mutacional e adaptativa dessas patologias.

A nova Lei Anticorrupção (nº 12.846/2013) é ferramenta indispensável para o aprimoramento tanto da cultura como da prática de enfrentamento desses problemas, o que passamos a ver com maior detalhamento.

---

[41] SOUSA, Luís de. As agências anticorrupção como peças centrais de um sistema de integridade. *Revista da Controladoria Geral da União* – Ano III, nº 4, Junho/2008. Brasília: CGU, 2008, p. 20.

[42] *Idem*, p. 482.

1.6 Referências

ANASTASIA, Fátima; SANTANA, Luciana. Sistema político. In: AVRITZER, Leonardo (org.). *Corrupção*: ensaios e críticas. Belo Horizonte: UFMG, 2008.

ANGELI, Alzira Ester. Visão geral das agências norte-americanas contra a corrupção numa análise comparativa com a Controladoria-Geral da União. In: *Revista da Controladoria Geral da União*, Ano IV, nº 7, dezembro de 2009. Brasília: CGU, 2009.

ARISTÓTELES. *Politics*. New York: Basic Books, 2000.

BERBER, Benjamin R. *Jihad x McWorld:* how globalism & tribalism are re-shaping the world. New York: Ballantine Books, 1996.

BUSTOS GISBERT, Roberto. La recuperación de la responsabilidad política en la lucha contra la corrupción de los gobernantes: una tarea pendiente. In: RODRIGUÉS GARCÍA Nicolás; FABIÁN, Caparrós Eduardo A. (coord.). *La corrupción en un mundo globalizado*: análisis interdisciplinar. Salamanca: Ratio Legis, 2004.

CARVALHO, José Murilo de. Passado, presente e futuro da corrupção brasileira. In: AVRITZER, Leonardo (org.). *Corrupção*: ensaios e críticas. Belo Horizonte: UFMG, 2008.

CARVALHO, José Murilo. *A elite política imperial*: teatro de sombras. Rio de Janeiro: Relume-Dumará, 1996.

DINIZ, Eli. A reforma do Estado: uma nova perspectiva analítica. In: COELHO, Maria Francisca Pinheiro *et al.* (org.). *Política, ciência e cultura em Max Weber*. Brasília: UnB, 2000.

FIGUEIREDO, Luciano Raposo. A corrupção no Brasil colônia. In: AVRITZER, Leonardo (org.). *Corrupção*: ensaios e críticas. Belo Horizonte: UFMG, 2008.

FLEMING, Thomas. *The corruption and failure of the modern state*. Disponível em: http://www.dailymail.co.uk/debate/article-2151222/The-corruption-failure-modern-state. Material publicado em: 28 maio 2012. Acesso em: 12 out. 2021.

FLORINI, Ann (Ed.). *The third force:* the rise of Transnational Civil Society. Washington: Carnegie Endowment for International Peace, 2000.

FURTADO, Elisabeth Timbó Corrêa. *Ação popular:* mecanismo de controle dos atos da Administração Pública pelo cidadão. São Paulo: LTr, 1997.

GIRLING, John. *Corruption, capitalism and democracy*. London: Routledge, 1997.

GODINHO, Vitorino Magalhães. Finanças *públicas* e estrutura do Estado. In: *Ensaios: sobre a história de Portugal*. Lisboa: Sá da Costa, 1978.

GOMES JR., Luiz Manoel. *Ação popular:* aspectos polêmicos. Rio de Janeiro: Forense, 2004.

GRINOVER, Ada Pellegrini; MENDES, Aluisio Gonçalves de Castro; WATANABE, Kazuo. (organizadores). *Direito processual coletivo e o anteprojeto de código brasileiro de processos coletivos*. São Paulo: Revista dos Tribunais, 2007.

HEYWOOD, Paul. *Political corruption*. Oxford: Blackwell, 2001.

http://europa.eu/rapid/pressReleasesAction. Notícia de 12 jan. 2012. Acesso em: 15 jan. 2021.

http://www.jornalopcao.com.br/colunas/imprensa/delfim-diz-que-foi-socialista-e-perseguido-pela-ditadura. Acesso em: 02 out. 2021.

' http://www.pampalivre.info/figueiredo.htm. Acesso em: 02 out. 2021.

ICAC (2008). *Operations department review 2007*. Disponível em: http://www.icac.org.hk/filemanager/en/Content_1020/ops2007.pdf. Acesso em: 0 out. 2021.

http://oglobo.globo.com/pais/corruptos-somam-apenas-012-do-total-de-presos-no-brasil-6469953. Acesso em: 22 out. 2021.

http://www.nytimes.com/2012/10/10/world/americas/brazilian-corruption-case-raises-hopes-for-judicial-system.html. Acesso em: 15 jan. 2021.

LEAL, Rogério Gesta. Esfera pública e participação social: possíveis dimensões jurídico-políticas dos direitos civis de participação social no *âmbito* da gestão dos interesses públicos no brasil. In: LEAL, Rogério Gesta (organizador). *A Administração Pública compartida no Brasil e na Itália:* reflexões preliminares. Santa Cruz do Sul: Edunisc, 2008.

MANCUSO, Rodolfo de Camargo. *Ação popular*. São Paulo: Editora Revista dos Tribunais, 2003.

MELLO, Evaldo Cabral de. Pernambuco no período colonial. In: AVRITZER, Leonardo (org.). *Corrupção*: ensaios e críticas. Belo Horizonte: UFMG, 2008.

MILLER, Seumas. *The moral foundations of social institutions:* a philosophical study. New York: Cambridge University Press, 2010.

MONTESQUIEU. *O espírito das leis*. Brasília: UnB, 2001.

MOTTA, Rodrigo Patto Sá. Corrupção no Brasil Republicano – 1954-1964. In:

AVRITZER, Leonardo (org.). *Corrupção*: ensaios e críticas. Belo Horizonte: UFMG, 2008.

NYE, Joseph. *Corruption and political development:* a cost-benefit analysis. American Political Science Review, v. 61, nº 4, 1967.

PERUZZOTTI, Enrique. Accountability. In: AVRITZER, Leonardo (org.). *Corrupção*: ensaios e críticas. Belo Horizonte: UFMG, 2008.

PRADO JR., Caio. *Formação do Brasil contemporâneo*. São Paulo: Brasiliense, 1979.

PRESTON, Noel; SAMPFORD, Charles (eds.). *Encouraging ethics and challenging corruption*, Sydney: Federation Press, 2002.

PREUSS, Urlich K. *The ambiguous meaning of citizenship*. Trabalho apresentado na University of Chicago Law School, no Center for Comparative Constitutionalism. Dezembro/2006. Disponível em: www.universityofchicago/lawschool/papers. Acesso em: 20 out. 2021.

PUBLIC INTEGRITY SECTION, CRIMINAL DIVISION, UNITED STATES DEPARTMENT OF JUSTICE. *Report to Congress on the Activities and Operations of The Public Integrity Section for 2007*. Washington D.C., 2007.

RIESENBERG, Peter. *Citizenship in the western tradition*. Plato to Rousseau. Chapel Hill/London: The University of North Carolina Press, 2000.

ROSE-ACKERMAN, Susan. *Trust, honesty, and corruption*: reflection on the state-building process. *Archives of European Sociology*, 2001. Disponível em: http://papers.ssrn.com/abstract=283429. Acesso em: 19 nov. 2021.

SANDEL, Michael. *What money can't buy*. New York: Farrar, Straus and Giroux, 2012.

SANTOS, Romualdo Anselmo dos. Institucionalização dos mecanismos anticorrupção: da retórica ao resultado. *Revista da Controladoria Geral da União*. Ano IV, nº 6, Setembro/2009. Brasília: CGU, 2009.

SCHWARCZ, Lilia Moritz. *As barbas do imperador*. São Paulo: Companhia das Letras, 2002.

SILVA, José Afonso da. *Ação popular constitucional*. São Paulo: Malheiros, 2007.

SOUSA, Luís de. As agências anticorrupção como peças centrais de um sistema de integridade. *Revista da Controladoria Geral da União* – Ano III, nº 4, Junho/2008. Brasília: CGU, 2008.

STARLING, Heloisa Maria Murgel. Ditadura militar. In: AVRITZER, Leonardo (org.). *Corrupção*: ensaios e críticas. Belo Horizonte: UFMG, 2008.

UNITED NATIONS DEVELOPMENT PROGRAMME. *Institutional arrangements to combat corruption*. A comparative Study. Bangkok Thailand: UNDP Regional Centre in Bangkok, 2005.

VITTA, Heraldo Garcia. *O meio ambiente e a ação popular*. São Paulo: Saraiva, 2000.

WALZER, Michael. *Thinking politically:* essays in political theory. New York: Vail Ballou Press, 2007.

WARREN, Mark. Democratic theory and trust. In: WARREN, Mark (ed.). *Democracy and Trust*. Cambridge UK: Cambridge University Press, 2006.

www.brasil.gov.br/participação_popular. Acesso em: 20 set. 2021.

www.cgu.gov.br/olhovivo. Acesso em: 09 ago. 2021.

www.foxbusiness.com/investing/2012/03/22/americas-most-corrupt-states/. Acesso em: 26 set. 2021.

www.foxnews.com/politics/2012/03/19/study-state-governments-at-high-risk-for-corruption. Acesso em: 25 set. 2021.

www.globalintegrity.org/. *The Corruption Notebooks*. Washington DC, 2021.

www.opednews.com/articles/Pat-Robertson-Your-State. Acesso em: 25 set. 2021.

www.publicintegrity.org/. Acesso em: 25 set. 2021.

www.stateintegrity.org/. Acesso em: 25 set. 2021.

CAPÍTULO 2

OS ATOS ATENTATÓRIOS AO PATRIMÔNIO PÚBLICO, AOS PRINCÍPIOS DA ADMINISTRAÇÃO PÚBLICA E AOS COMPROMISSOS INTERNACIONAIS ASSUMIDOS PELO BRASIL: ASPECTOS NEURAIS DA LEI ANTICORRUPÇÃO

2.1 Notas introdutórias

A Lei Federal brasileira nº 12.846/2013 – Lei Anticorrupção – trouxe profundas inovações no trato com o tema da responsabilidade civil de pessoas jurídicas pela prática de atos contra a Administração Pública nacional ou estrangeira, inovando inclusive em termos de institutos normativos voltados ao maior alcance de fenômenos corruptivos que envolvem o mercado privado das relações econômicas.

O problema que vamos enfrentar neste tópico é o saber em que medida os bens jurídicos neurais tutelados pela referida norma, descritos em seu art. 5º, precisam ser compreendidos numa perspectiva ampla e integrada ao sistema jurídico como um todo, e não somente a partir das espécies de defraudações enumeradas por seus incisos. Enquanto hipótese propositiva, queremos sustentar resposta afirmativa a tal indagação, no sentido de que não se perca o foco, na aferição dos casos descritos, dos amplos significados que se quer proteger, a saber: o patrimônio público nacional ou estrangeiro, os princípios da Administração Pública e os compromissos internacionais assumidos pelo Brasil.

Em face desses elementos, queremos propor tratamento pontual aos bens jurídicos tutelados que esta Lei demarca para fins de responsabilização, verificando quais as possibilidades de sentidos atribuídos a eles em termos de coerência com todo o sistema jurídico vigente.

Para alcançar esses escopos, pretendemos realizar: (i) breve contextualização do surgimento desta norma e as expectativas que tem gerado desde então; (ii) propor, de forma conclusiva, hermenêutica voltada à concretização normativa da lei sob análise, muito especialmente em termos dos bens jurídicos estruturais tutelados pelo *caput* do art. 5º, da Lei nº 12.846/2013.

2.2 Contextos convulsivos à formatação da Lei nº 12.846/2013

Já tivemos oportunidade de afirmar anteriormente que a corrupção é fenômeno complexo e multidisciplinar, apresentando alguns aspectos muito particulares, dentre os quais, ser serial (porque tendencialmente repetida infinitas vezes)[43] e difusa (porque se alastra por todos os lugares, instituições e pessoas, de modo invasivo e penetrante).[44] A despeito disso, ela, modo geral, é ilícita com altos níveis de *cifras negras* (diferença entre a corrupção efetivamente praticada e a que chega ao conhecimento das autoridades competentes para seu enfrentamento), restando silentemente enclausurada em termos de informações e conhecimento entre os protagonistas que dela se beneficiam, gerando, muitas vezes, vítimas difusas que não percebem de pronto os danos ocasionados, o que inviabiliza denúncias corriqueiras.

De outro lado, as estruturas e os sistemas de segurança pública e polícia tradicionais historicamente se voltaram – e ainda se mantêm em grande parte assim – para os fins de repressão (e não evitação) de infrações e delitos *visíveis*, os quais incidem diretamente sobre a ordem pública constituída, com especial atenção à macrocriminalidade.[45]

---

[43] Como nos diz DAVIGO, Piercamillo. *Il sistema della corruzione*. Roma: Laterza, 2017, p. 27: *un'impresa che affidi il suo sviluppo non alle capacità manageriali, ma a relazioni privilegiate e illecite, continuerà a perseguire questa strada*.

[44] Ver nosso trabalho LEAL, Rogério Gesta. Patologias corruptivas nas relações entre Estado, Administração Pública e Sociedade. Santa Cruz do Sul: Edunisc, 2013.

[45] Ver, no ponto, o interessante trabalho de PARISI, Nicoletta. *La prevenzione della corruzione nel modello internazionale ed europeo*. In: Federalismi.it, 08/05/2019. Disponível em: https://www. federalismi.it/ApplOpenFilePDF.cfm?artid=38584&dpath=document&dfile=14052019133137. pdf&content=La%2Bprevenzione%2Bdella%2Bcorruzione%2Bnel%2Bmodello%2Binternazionale%2Bed%2Beuropeo%2B%2D%2Bstato%2B%2D%2Bdottrina%2B%2D%2B. Acesso em: 30 jun. 2021.

A literatura e os dados, nacionais e internacionais, têm demonstrado que a corrupção pode criar situações trágicas e duradouras em diversos âmbitos da vida em Sociedade, tanto no espaço público como no privado, pois desestabiliza regimes democráticos, relações institucionais e de mercado as mais diversas, criando ambientes de desconfiança para as pessoas (físicas e jurídicas) com quem se relacionam, o que afeta o próprio sistema jurídico pela quebra de expectativas que deveria garantir. Não bastasse isso, provoca danos na economia privada em face de que processos de inovação fomentados pela competição empresarial se veem atingidos diretamente por determinados atos corruptivos – pirataria, violação de patentes, espionagem industrial –; pagamentos ilícitos se transformam em tentativas sedutoras de substituição de preços baixos e inovações em produtos.[46]

Mas cumpre não olvidarmos que este Mercado também é, muitas vezes, protagonista ativo dos cenários corruptivos que se constituem, não podendo ficar exclusivamente nas costas do Estado e seus órgãos administrativos a responsabilidade para tal enfrentamento. Mauro Paolo chega a afirmar que quando as burocracias estatais retardam decisões que interessam ao Mercado, muitas vezes os atores privados buscam meios de outorgar incentivos ilegais para acelerar os trâmites de suas demandas, o que temos assistido recentemente, no Brasil, no escândalo da Operação Lava a Jato envolvendo a corrupção na Petrobras, oportunidade em que parte do Mercado e do Estado reúnem esforços para sangrar orçamentos públicos.[47]

Tudo isso provocado, não raro, por determinadas características perversas de constituição e funcionamento das relações econômicas hodiernas, a saber: (i) a lógica de lucro e rendas associada à acumulação

---

[46] Tratamos desses temas em nosso livro LEAL, Rogério Gesta. *Patologias corruptivas nas relações entre Estado, Administração Pública e sociedade*: causas, consequências e tratamentos. Santa Cruz do Sul: Edunisc, 2013.

[47] PAOLO, Mauro. Corruption and growth. In: *Quarterly Journal of Economics*, v. 110, p. 681-712. Só a título exemplificativo, lembremo-nos da notícia histórica veiculada pela Revista Carta Capital, na edição de 21/11/2014, p. 05: "Na segunda-feira 17, Erton Medeiros Fonseca, diretor presidente de Engenharia Industrial da Galvão Engenharia, disse que aceitou pagar propina após ser ameaçado. De acordo com Fonseca, Paulo Roberto Costa, ex-diretor de Abastecimento da Petrobras, e o doleiro Alberto Youssef afirmaram que, se a construtora não pagasse propina (que seria direcionada ao PP, partido para o qual atuavam), poderia ser punida com a suspensão de pagamentos por obras já encerradas". Não bastasse isso, como nos lembra DAVIGO, Piercamillo. *"Il sistema della corruzione, op.cit.*, p. 29: *Corrotti e corruttori non si presentano, almeno di solito, nella loro vera qualità, ma si proclamano onesti e le rare volte in cui vengono individuati tendono a definirsi vittime di persecuzioni giudiziarie o politiche, oppure di calunni"*.

desordenada de capital e riqueza que identifica o modelo estrutural de mercado e economia capitalista que temos; (ii) a articulada rede organizacional e funcional de ilicitudes cada vez mais sofisticadas, que fragmentam as ações delinquentes e multiplicam seus protagonistas em inúmeros centros de decisão e operação; (iii) a diversificação imensa das contrapartidas retroalimentadoras dos fenômenos que cria, haja vista que a moeda corrente não é a mais adequada forma de pagamento de suas investidas, porque é fácil rastreá-la (*follow the money*), tendo sido substituída por modalidades diversas de vantagens, como troca de favores, serviços, presentes, promessas futuras, favorecimento de terceiros etc.

Como já tivemos oportunidade de referir, são tão sofisticadas e perversas as relações corruptivas entre Mercado e Estado, que, no Brasil, empresas chegam a constituir setores específicos responsáveis pela retroalimentação dos esquemas de benefícios e pagamentos de propinas a agentes públicos e políticos do Estado, como no caso ainda do escândalo da Petrobras referido, em que a Odebrecht criou o nominado *setor de operações estruturadas*, responsável pela gestão da propina paga no Brasil e exterior, com contabilidade e registros de operações financeiras clandestinas.[48]

Em especial nestes tempos de pandemia, são várias as notícias que revelam ações corruptivas enormes em relação, por exemplo, a licitações públicas, contratos administrativos e serviços prestados para fins de atender demandas de saúde pública ocasionadas pelas contaminações da Covid-19, o que tem envolvido demandas estruturais, como equipamentos hospitalares básicos, UTIs equipadas, ventiladores para problemas respiratórios letais, equipamentos de proteção individual, reagentes fármacos para a produção de testagens de infectados, entre outros, tudo isso aliado a problemas econômicos derivados diretamente das políticas de isolamento social necessárias em quadros como esses (eis que empresas estão quebrando, demitindo milhares de empregados, destruindo a economia informal, que é violenta no Brasil), comprometendo receitas públicas bilionárias que necessitam ser imediatamente

---

[48] LEAL, Rogério Gesta. Efeitos predatórios da corrupção no mercado e na sociedade civil: alguns indicadores. *Revista Brasileira de Estudos Políticos*, nº 116, jan./jun. Belo Horizonte: UFMG, 2018, p. 474.

OS ATOS ATENTATÓRIOS AO PATRIMÔNIO PÚBLICO, AOS PRINCÍPIOS DA ADMINISTRAÇÃO PÚBLICA E AOS...

disponibilizadas quiçá sem os procedimentos formais mais adequados – como são os da licitação.[49]

Outro documento importante nesta quadra histórica que eventualmente pode estar facilitando o fomento à corrupção no Brasil é a Emenda à Constituição nº 10/2020, chamada de *PEC do Orçamento de Guerra*, promulgada em 07/05/2020, que permite, entre outras medidas, a separação dos gastos realizados para o combate à Covid-19 do Orçamento Geral da União (OGU), com processos mais rápidos para compras, obras e contratações de pessoal temporário e serviços, autorizando a União a quebrar a chamada *regra de ouro* (mecanismo constitucional que impede o governo de se endividar para pagar despesas correntes, como salários e custeio), exigindo que o Ministério da Economia publique relatórios mensais com tais operações.[50] O problema é que essa proposta institui regime extraordinário de contratações e de despesas com pessoal, obras, serviços e compras do governo, sem licitação, durante o estado de calamidade pública – em tese, até dezembro de 2020.

A despeito disso, o sistema jurídico nacional conta com já antigos marcos normativos diversos que se ocupam da regulação e responsabilização dos administradores públicos quando se desviam de finalidades lícitas (por meios e resultados), prevendo sanções distintas – e cumulativas – a eles, desde: (a) suspensão de direitos políticos, perda de cargo e função pública, nos termos do art. 37, parágrafo 4º, da Constituição Federal de 1988, e art. 12, I, da Lei de Improbidade Administrativa (nº 8.429/92), recentemente devassada por proposta de inovação legislativa ocorrida no país[51]; (b) ressarcimento de dano e multa civil, art. 12, I, da Lei de Improbidade Administrativa (nº 8.429/92); (c) multa aplicável pelo Tribunal de Contas aos chefes de Poderes e ocupantes de cargos de direção de órgãos públicos, nos termos do art. 5º, da Lei Federal nº 10.028/2000; (d) prisão, multa e penas restritivas de direitos, nos termos da mesma Lei Federal nº 10.028/2000, que criou capítulo

---

[49] O Ministério da Economia estima que quase 3% do produto interno bruto brasileiro vai ser gasto em medidas emergenciais para o combate à pandemia da Covid-19, conforme site oficial do governo: https://www.gov.br/economia/pt-br/assuntos/noticias/2020/abril/governo-preve-gastar-2-6-do-pib-em-medidas-emergenciais-para-o-combate-a-pandemia-da-covid-19, Acesso em: 23/04/2020.

[50] Esta PEC estava ainda em tramitação quando produzíamos este texto, tendo voltado para a Câmara dos Deputados no dia 17/04/2020, depois de ter sido aprovada com alterações pelo Senado.

[51] Estamos falando do projeto de Lei nº 10.887/18, aprovado pela Câmara dos Deputados em 16/06/2021 e enviado ao Senado.

específico no Código Penal para crimes contra as finanças públicas;[52] (e) as penas dos crimes praticados por Prefeitos nos termos do Decreto nº 201/67; (f) detenção de 03 a 05 anos, mais multa, por crime de dispensa ou inexigibilidade de licitação indevida, nos termos do art. 89, da Lei de Licitações nº 8.666/93.

O problema é que temos historicamente no país muitas ocorrências fabricadas ou fictícias de calamidades públicas decretadas por gestores irresponsáveis – agindo com culpa e dolo –, pois não se revelam reais aquelas que deveriam ter sido resolvidas de imediato, quando já se tinha conhecimento antes dos seus riscos e iminência de se evidenciarem, até, por vezes, em face de suas recorrências no tempo e espaço. Nessa hipótese, como nos diz Gasparin, estamos diante de situação ficta ou fabricada. Em tais casos há negligência, não urgência. Apesar disso, contrata-se, e, pela negligência, responderá a autoridade omissiva.[53]

Essa é a mesma linha de posicionamento do Tribunal de Contas da União, sob o argumento de que a situação adversa, dada como de emergência ou de calamidade pública, não pode se originar, total ou parcialmente, da falta de planejamento, da desídia administrativa ou da má gestão dos recursos disponíveis, pois se isso ocorrer em alguma medida, deve ser atribuída a culpa (ou dolo) ao agente público que tinha o dever de agir para prevenir a ocorrência de tal situação, razão pela qual o Tribunal tem punido os gestores que invocam a dispensa de licitação para *situações emergenciais fabricadas pela própria inoperância gerencial.*[54]

Mesmo que ocorram efetivamente tais cenários de calamidade pública – e estamos diante deles, provocados pela Covid-19 –, podem surgir falhas na gestão pública por conta da ausência de planejamento e controle do processo de enfrentamento da pandemia, e se isso ocorrer por conta da incompetência, imprudência, negligência ou imperícia do Administrador, mas existirem riscos e perigos à comunidade, sem dúvida que medidas precisam ser tomadas, dando respostas adequadas a tais demandas, *mas deverá também o agente público responder* por

---

[52] Estamos falando dos arts. 359-A, 359-B, 359-C, 359-D, 359-E, 359-F, 359-G e 359-H do Código Penal brasileiro, quase todos com disposições que podem ser consideradas norma penal em branco, ou seja, de conteúdo incompleto, com certa vagueza, o que pode criar dificuldades de imputação, mas também de defesa.

[53] GASPARIN, Diógenes. *Direito administrativo*. São Paulo: Saraiva, 2015, p. 214.

[54] Ver as Decisões 347/1994 e 738/2006 do Plenário do Tribunal de Contas da União do Brasil. Disponível em: https://pesquisa.apps.tcu.gov.br/. Acesso em: 19 jul. 2019. Grifo nosso.

sua inércia causadora – em parte ou totalmente – das consequências trágicas ou dos desvios de finalidades ocorridos, assim como deverão responder as pessoas físicas e jurídicas que se aproveitaram de tais conjunturas para se locupletarem ilicitamente – como nas hipóteses descritas pela Lei Anticorrupção.[55]

Somam-se a isso fatos denunciados por matéria da Folha de São Paulo que dá conta de que os estados mais afetados pelo novo coronavírus são pouco ou nada transparentes na divulgação das compras emergenciais para o combate à pandemia: (i) o Amazonas, um dos Estados mais afetados pela Covid-19, e que já está recebendo recursos federais e gastando os seus, sequer havia criado, até 19/04/2020, página específica para listar as aquisições sem licitação para tais fins, como exige a lei federal de emergência, o que somente ocorreu após determinação judicial; (ii) São Paulo e Rio de Janeiro,[56] que lideram em número absoluto de mortos, disponibilizam informações sobre os contratos de forma discreta e de difícil acesso, além do que, São Paulo *não criou site próprio* sobre as despesas do coronavírus, como pede a lei até o dia 17/04/2020, apesar dos gastos feitos até agora sem licitação;[57] (iii)

---

[55] Daí porque a 2ª Turma do STJ tem afirmado há mais tempo que *a configuração da improbidade administrativa se basta na comprovação da culpa (simples)*, consoante os termos do Agravo Regimental no AREsp 654.406/SE, Rel. Ministro Herman Benjamim, Segunda Turma, julgado em 17/11/2015, DJe 04/02/2016. Temos consciência de que parte da doutrina defende a tese de que o artigo 28 da Lei nº 13.655/18, ao dizer que "o agente público responderá pessoalmente por suas decisões ou opiniões técnicas em caso de dolo ou erro grosseiro", afeta a regra do artigo 10 da Lei nº 8.429/92 na medida em que transforma em pressuposto da responsabilização do agente público (que decide ou emite opinião técnica) exclusivamente o dolo e o erro grosseiro, afastando a responsabilização por culpa *stricto sensu*. Dentre esses, o Dr. Luciano Ferraz, em artigo publicado no CONJUR na data de 10 de maio de 2018. Não podemos concordar com isso, porque tal intento fragiliza por demais a proteção do bem jurídico tutelado pela norma constitucional e infraconstitucional aplicada à espécie.

[56] A imprensa noticia que: "O Tribunal de Contas do Estado do Rio de Janeiro (TCE-RJ) apontou *irregularidades* na aquisição de mil ventiladores pela Secretaria Estadual de Saúde. Nenhuma das empresas cumpriu o prazo de entrega dos equipamentos, necessários para os *leitos de UTI* usados no combate ao *novo coronavírus*. De acordo com a avaliação técnica do TCE-RJ, as firmas contratadas não demonstraram capacidade para fornecer o volume de equipamentos prometidos nos prazos definidos em contrato. O tribunal determinou que a pasta explique as contratações. O Ministério Público do Rio de Janeiro também *investiga* o caso". Ver a matéria completa em https://www1.folha.uol.com.br/cotidiano/2020/04/tce-aponta-irregularidades-em-compras-de-respiradores-no-rj.shtml, matéria veiculada em 30/04/2020. Acesso em: 1º maio 2020.

[57] A Folha de São Paulo também informa que compra superior a meio bilhão de reais feita sem licitação pelo governador de São Paulo para aquisição de respiradores, sob caráter de urgência, causou estranhamento em integrantes da administração estadual e levou o Ministério Público do Estado à abertura de investigação para apurar as circunstâncias dessa operação. "São 3.000 aparelhos importados da China por um intermediário do Rio de Janeiro a um custo de US$ 100 milhões (ou mais de R$ 550 milhões). Esse é o maior gasto

a Bahia realizou a compra de uma carga de 300 respiradores da China, ao custo de R$48 milhões, sem licitação, e isso não está listado no site; (iv) das 27 unidades da Federação, 10 têm site específico para gastos com o coronavírus, 9 têm links nos respectivos portais da transparência e 8 não disponibilizam as informações, ou o fazem de forma obscura.[58]

Como nos ensina Vincenzo Cerulli: "*nel settore degli appalti pubblici, è stato dimostrato che il ricorso a procedure di emergenza può costituire un'occasione di corruzione comportando la deroga alle ordinarie procedure amministrative con conseguente ampliamento dei poteri discrezionali dei pubblici agenti ed il progressivo indebolimento delle procedure di controlo*".[59] E mais, corrupção essa que, quando se torna sistêmica, resta difícil sua apuração, principalmente porque envolve níveis hierárquicos e de comando com poderes decisionais de impacto nas estruturas organizacionais e operacionais das instituições, nos quais os acordos que lhe dão causa e operacionalidade perdem o caráter dual e tradicional da corrupção entre sujeito singular corruptor e outro corrompido, alcançando centros de poder difusos e coletivos, com inúmeros protagonistas (pessoas físicas e jurídicas), tornando-se por vezes difícil mapear e reconstruir os percursos formativos e executivos dessas verdadeiras redes de delinquência.[60]

---

individual da gestão tucana com ações contra o coronavírus e representa quase a metade do R$ 1,2 bilhão estimado pelo governo de custos extras com a pandemia". Disponível em: https://www1.folha.uol.com.br/cotidiano/2020/04/doria-compra-respiradores-sem-licitacao-da-china-por-r-550-mi-promotoria-investiga.shtml. Acesso em: 29 abr. 2020.

[58] Conforme informação da Folha de São Paulo no site: https://www1.folha.uol.com.br/poder/2020/04/estados-mais-afetados-como-sp-e-rj-sao-menos-transparentes-em-gastos-com-pandemia.shtml. Matéria publicada em 21/04/2020. Acesso em: 24 abr. 2020.

[59] CERULLI, Vincenzo Irelli. Principio de legalità e poteri straordinari dell'amministrazione. *Rivista de Diritto Pubblico*, nº 2/2007. Bologna: Il Mulino, 2007, p. 71. Ver também o texto de GATTA, Federica. *Covid-19:* il quadro dell'ordimento d'emergenza. Disponível em: https://www.iusinitinere.it/covid-19-il-quadro-dellordinamento-demergenza-26418. Acesso em: 05 maio 2021.

[60] Nesse sentido, ver o excelente texto de DAVIGO, Piercamillo. *La giubba del re. Intervista sulla corruzione.* Roma: Laterza, 2004, com relatos impressionantes de magistrado que se ocupou por longo tempo do enfrentamento da corrupção na Itália, em especial do estrondoso caso de Tangentopoli/Operação Mãos Limpas. Na mesma direção, o trabalho de SPENA, Alessandro. *Il turpe mercato.* Teoria e reforma dei delitti di corruzione pubblica. Milano: Giuffrè, 2013. Alerta Spena que: "*Inoltre, la tangente spesso non consta di una semplice dazione in denaro ma può consistere anche in altre utilità, rappresentate, ad esempio, dal finanziamento di iniziative di partito, dall'assunzione nelle imprese di persone vicine ai burocrati corrotti, e così via. In: particolare, tale tipo di corruzione si manifesta spesso attraverso tre fenomeni: illecito finanziamento ai partiti, conflitto di interessi ed organizzazioni criminali*". (p.28) (Grifo nosso.)

Então resta uma pergunta? E as empresas do setor privado envolvidas em cenários de corrupção associadas à Administração Pública, que lucram milhões com tudo isso, não são responsabilizadas? Por certo que podem ser, porque há legislação civil e penal – até administrativa – para tanto, mas ainda falta no Brasil *cultura adequada*, em especial em face de atos corruptivos contra interesses, patrimônio e bens públicos, vindo a Lei nº 12.846/2013 suprir lacuna importante no particular.[61]

Importa, pois, aprofundar a delimitação conceitual dos bens jurídicos tutelados em termos estruturais que pretende a Lei alcançar – a saber: a tutela do patrimônio público, dos princípios da Administração Pública e dos compromissos internacionais assumidos pelo Brasil –, bem como propor hermenêutica conformada constitucionalmente à concretização de tais fins, elementos os quais passaremos a tratar.

2.3 Quais os bens jurídicos tutelados pela Lei Anticorrupção?

Num primeiro momento, a Lei Anticorrupção resolveu demarcar de modo estruturante os bens jurídicos que visa tutelar; fê-lo através dos conceitos jurídicos determináveis de patrimônio público, princípios da Administração Pública e compromissos internacionais assumidos pelo Brasil (art. 5º da Lei nº 12.846/2013). E o fez bem, justamente para dar o relevo necessário aos seus escopos, mantendo tais prioridades do início ao fim da norma.[62]

As chamadas definições dos atos lesivos declinadas nos incisos daquele artigo representam tão somente as formas de comportamentos atentatórios àqueles bens, razão pela qual não podemos interpretar o dispositivo sem ter presente os significados sistêmicos de patrimônio público, princípios da Administração Pública e compromissos

---

[61] Aliás, isso ocorre também por conta dos compromissos assumidos pelo país frente à comunidade internacional, especialmente à Convenção das Nações Unidas Contra a Corrupção, Convenção Interamericana de Combate à Corrupção e Convenção sobre o Combate à Corrupção de Funcionários Públicos Estrangeiros em Transações Comerciais Internacionais da Organização para Cooperação e Desenvolvimento Econômico.

[62] Destacamos que os incisos do art. 5º tratam de comportamentos de certa forma já enfrentados pela doutrina e jurisprudência nacionais, até por conta de reproduzirem tipos penais e ilícitos administrativos incorporados no sistema jurídico vigente há mais tempo, como lembra muito bem PETRELLUZZI, Marco Vinício; RIZEK JUNIOR, Rubens Naman. *Lei Anticorrupção*: origens, comentários e análise da legislação correlata. São Paulo: Saraiva, 2014.

internacionais assumidos pelo Brasil, em todas as suas dimensões, sob pena de reduzirmos os âmbitos de proteção da norma e da própria Lei.

Apesar de essas categorias jurídicas contarem com densificações sígnicas razoavelmente consolidadas, elas permitem múltiplas possibilidades de materialização, a começar pelo instituto do *patrimônio público*, pois ao mesmo tempo em que ele pode ser definido por alguns dispositivos legais, como o *conjunto de bens, direitos e obrigações afetos ao Estado*, e com conteúdo econômico aferível em moeda,[63] outros o identificam como *conjunto de direitos e bens, tangíveis ou intangíveis*, onerados ou não, adquiridos, formados, produzidos, recebidos, mantidos ou utilizados pelas entidades do setor público, que seja portador ou represente fluxo de benefício, presente ou futuro, inerente à prestação de serviços públicos, ou à exploração econômica por entidades do setor público e suas obrigações.[64]

Mesmo as perspectivas mais técnicas de patrimônio público reconhecem que ele reclama avaliação quantitativa e qualitativa, e quanto a esta, cumpre indagar sobre sua real utilidade institucional e social, não meramente monetária. Como diz Silva, "em relação ao aspecto qualitativo, no âmbito do setor público, o valor do ativo deve ser estudado em face à capacidade de contribuir diretamente com a atividade fim da entidade e, portanto, em sua capacidade para ser utilizado no fornecimento de bens e serviços que satisfaçam às necessidades dos cidadãos, bem como atenda à continuidade da mesma".[65]

Estamos dizendo que há relação umbilical e necessária entre patrimônio público, interesse público e patrimônio da sociedade, o que envolve tanto bens juridicamente tutelados do Estado como os da Comunidade que o institui, sob pena de fazermos distinções morfológicas indevidas que podem cindir interesses públicos indisponíveis porque pertencentes ao Estado como representação legítima e normativa de todos. E isso se dá inclusive quando pensamos no conceito de patrimônio público na perspectiva de sua destinação e uso; basta

---

[63] Como é o caso da Lei nº 4.717/1965 (Ação Popular); nesse sentido, ver também a perspectiva tecnocrática da contabilidade pública, descrita por KOHAMA, Helio. *Contabilidade pública*: teoria e prática. São Paulo: Atlas, 2010.

[64] MINISTÉRIO DA FAZENDA. SECRETARIA DO TESOURO NACIONAL. *Manual de contabilidade aplicado ao setor público*. Brasília, 2012, p. 13. (Grifo nosso.)

[65] SILVA, Lino Martins da. *Contabilidade governamental*: um enfoque administrativo. São Paulo: Atlas, 2004, p. 38. Ver também a obra coletiva de DAL POZZO, Antonio Araldo Ferraz; DAL POZZO, Augusto Neves; DAL POZZO, Beatriz Neves; FACCHINATTO, Renan Marcondes. *Lei Anticorrupção*: apontamentos sobre a Lei nº 12.846/2013. Belo Horizonte: Fórum, 2014.

CAPÍTULO 2

vermos como o Código Civil brasileiro de 2002 o trata nas categorias de bens de uso comum do povo ou de domínio público (ruas, praças, estradas); bens de uso especial, indisponíveis (voltados à execução de serviços administrativos e serviços públicos em geral – hospital ou escola pública) e bens dominicais.

Ganha relevo aqui o *conceito de interesse público* em sua dupla face: (i) enquanto princípio informativo (constitucional e infraconstitucional) de constituição do Estado pela Sociedade, explicitador de escolhas públicas/pactos sociais instituidores de bens e valores a serem partilhados/protegidos reciprocamente, e por conta disso configurando escopos vinculantes de todos os sujeitos de direito que operam no espaço público e privado; (ii) enquanto legitimador e limitador do exercício do poder dos agentes do Estado, os governantes.[66]

Não descuramos, por certo, da dimensão hermenêutica da categoria sob comento e de suas particularidades associadas a contextos e conjunturas axiológicas e históricas, localizadas no tempo e no espaço; todavia, isso não atribui a tal signo (interesse público) a condição de indeterminado, *mas determinável*, ou seja, possui parâmetros sintáticos, semânticos e pragmáticos demarcados pelas conquistas civilizatórias positivadas no sistema jurídico como um todo – nomeadamente o constitucional –, que podem sofrer mutações dialéticas, desde que repactuadas por processos e procedimentos legítimos de manifestação da vontade social, quiçá não a ponto de negar ou contradizer suas raízes identitárias e emancipadoras.[67]

Por tais argumentos discordamos de posições respeitáveis que discrepam, para os fins desta Lei Anticorrupção, entre patrimônio público

---

[66] No ponto, ver os excelentes textos de: (i) GABARDO, Emerson e REZENDE, Maurício Corrêa de Moura. O conceito de interesse público no direito administrativo brasileiro. *Revista Brasileira de Estudos Políticos*, nº 115, julho/dezembro de 2017. Belo Horizonte, 2017, p. 267/318; (ii) HACHEM, Daniel Wunder. A dupla noção jurídica de interesse público em direito administrativo. *A&C – Revista de Direito Administrativo & Constitucional*, Belo Horizonte, a. 11, nº 44, p. 59-110, abr./jun. 2011; e (iii) HACHEM, Daniel Wunder. *O princípio constitucional da supremacia do interesse público*. Belo Horizonte: Fórum, 2011.

[67] Como nos diz Gabardo, é preciso ampliarmos nossa perspectiva sobre esse interesse público nesta quadra histórica e pautá-la em face do seu *regime jurídico*, "portanto, mediante a identificação de um interesse público que é encontrado não diretamente na vontade do povo ou na ontologia da solidariedade social, mas sim nos termos de um sistema constitucional positivo e soberano, cujo caráter sócio-interventor precisa conviver em um equilíbrio complexo com direitos subjetivos". GABARDO, Emerson. O princípio da supremacia do interesse público sobre o interesse privado como fundamento do Direito Administrativo Social. *Revista de Investigações Constitucionais*, vol. 4, nº 2, maio/agosto de 2017. Curitiba, 2017, p. 97.

como bens de titularidade dominial do Estado (fundamentalmente os orçamentários e os identificados pela legislação civil), e aquele de interesse da coletividade, pretendendo que o novel instituto em análise alcance somente o primeiro.[68] E isso porque também os patrimônios ambiental, estético, artístico, paisagístico, histórico, turístico *podem* deter natureza/significado/sentido público – como demonstram as Leis nº 7.347/85 e nº 4.717/65 –; e se possuírem tal natureza, estarão albergados sim pelas disposições do art. 5º da Lei nº 12.846/13, nomeadamente se entendermos que as espécies de atos lesivos de seus incisos configuram comportamentos típicos que evidenciam ações tópicas defraudadoras de patrimônio público, qualquer que seja ele.[69]

Pensemos nas seguintes hipóteses: (i) pessoa jurídica que oferece ou dá propina a agente público responsável pela gestão de acesso e visitação a parque histórico e turístico privado, mas tombado pelo poder público, em desconformidade com o número de pessoas permitido para tanto; (ii) pessoa jurídica que se utiliza de interposta pessoa física e servidora pública, pela via do tráfico de influência, para ocultar seus reais interesses de exploração urbanística predatória sob o ponto de vista ambiental. Este o espectro amplo que deve ser dado ao conceito de patrimônio público e que tem de ser observado ao demarcarmos os sentidos vinculantes das espécies de comportamentos que se quer responsabilizar pelos termos da norma em evidência.

Já no que toca aos *princípios da Administração Pública* referidos pela norma sob comento – e não só no art. 37 da Carta Política de 1988 –, igualmente precisamos levar em conta representarem o núcleo básico do sistema administrativo nacional, até porque possuem estatura constitucional, verdadeiras normas-guias de finalidades e objetivos a serem alcançados pelo Estado – independentemente de qualquer Governo.[70]

---

[68] HARGER, Marcelo. *Comentários à Lei Anticorrupção – Lei 12.846/2013*. Rio de Janeiro: Lumen Juris, 2019, p. 80.

[69] Aliás, a Procuradoria Geral da República, em seu parecer nos autos da Ação Direta de Inconstitucionalidade nº 5.261/DF, que discute a inconstitucionalidade da responsabilidade objetiva de empresas por atos de corrupção, nos termos da LAC, teve oportunidade de sustentar, com o que concordamos, que: "O termo inclui o direito difuso, titularizado por toda coletividade, de correta administração dos recursos públicos e de observância dos princípios constitucionais regentes da atividade administrativa do Estado. Alcança, por certo, o erário, como elemento de concretização do patrimônio público".

[70] Neste sentido, o texto de CARRIÓ, Genaro. *Princípios jurídicos e positivismo jurídico*. Buenos Aires: Abeledo-Perrot, 1987, p. 37. Já numa acepção mais lógica, REALE, Miguel. *Filosofia do direito*. São Paulo: Saraiva, 1999, p. 60, diz-nos que os princípios são definidos como "verdades ou juízos fundamentais, que servem de alicerce ou de garantia de certeza a

CAPÍTULO 2
OS ATOS ATENTATÓRIOS AO PATRIMÔNIO PÚBLICO, AOS PRINCÍPIOS DA ADMINISTRAÇÃO PÚBLICA E AOS... | 55

Enquanto normas que integram o sistema jurídico, configuram disposições válidas e cogentes, vigentes e a espera de eficácia imediata. E mais que isso, representam pautas orientadoras tanto por suas funções persuasivas como de justificação de decisões públicas tomadas, delimitando as significações vinculadas dos ordenamentos como um todo, porque fixam valores fundamentais da comunidade, constituindo bens jurídicos passíveis de tutela – singular ou coletiva.[71]

Com estes princípios – e estamos falando de todos os presentes nos catálogos constitucional e infraconstitucional –, ao Estado se impõem tarefas e, para alguns casos, o modo operante de alcançá-las pelos agentes públicos (todos: agentes políticos e detentores de cargos de provimento efetivo e em comissão, por exemplo) sob pena de nulidades e responsabilidades de múltiplos níveis (administrativa, civil e criminal), destacando que, no caso particular do Direito Administrativo, em que as relações jurídicas não se encontram todas e necessariamente tipificadas em normas escritas e fechadas em códigos, os princípios têm função importantíssima no sentido de viabilizar/orientar a interpretação e aplicação das regras existentes em face da dinâmica e das competências que lhe são próprias.[72]

Os atos, fatos e negócios administrativos, por conta desses elementos, devem ajustar-se aos referidos princípios, na medida em que se afiguram como condições de possibilidades de suas existências, e eventual violação do que dispõem os tornam ilícitos e ilegítimos, matéria que pode ser aferida ou sindicada tanto pela via administrativa como pela jurisdicional. Daí que podemos concordar com Marco Galdi, quando assevera que, mesmo inexistindo disposições principiológicas expressas na Carta Constitucional brasileira sobre a luta contra a corrupção, *"questa dimensione, infatti, emerge attraverso un'operazione di deduzione 'in negativo' dall'elencazione positiva contenutta nella Costituzione dei valori e*

---

um conjunto de juízos, ordenados em um sistema de conceitos relativos a dada porção da realidade".

[71] LARENZ, Karl. *Metodologia da ciência do direito*. Lisboa: Fundação Calouste Gulbenkian, 2000, p. 24 e ss. Ver também, em perspectiva mais axiológica dos Direitos Fundamentais, os trabalhos de SMEND, Rudolf. *Filosofia del derecho*. Madrid: Civitas, 1990, e mesmo ALEXY, Robert. *Teoría de los derechos fundamentales*. Madrid: Centro de Estúdios Constitucionales, 1997.

[72] Conforme já defendemos em nosso LEAL, Rogério Gesta. *Estado, Administração Pública e sociedade:* novos paradigmas. Porto Alegre: Livraria do Advogado, 2006. Na mesma direção, ver o texto de ALFONSO, Luciano Parejo. *Derecho administrativo*. Madrid: Arial, 2013.

dei diritti, che su di esse si fondano, consistente nell'individuazione dei fattori che questi valori e diritti potenziamente offendono".[73]

No que toca aos compromissos internacionais assumidos pelo Brasil para o enfrentamento da Corrupção, importa destacarmos alguns dos principais, a saber: (a) Convenção sobre o Combate da Corrupção de Funcionários Públicos Estrangeiros em Transações Comerciais Internacionais, produzida pela OCDE, em 15 de julho de 2000, promulgada pelo Decreto nº 3.678, de 30 de novembro de 2000;[74] (b) a Convenção da Organização dos Estados Americanos contra a Corrupção, de 1996, ratificada pelo Brasil através do Decreto nº 152/2002 e promulgada pelo Decreto nº 4.410/2002; (c) Convenção das Nações Unidas contra a Corrupção (Convenção da ONU), assinada em 15 de dezembro de 2003, na cidade de Mérida, no México, e promulgada no Brasil por meio do Decreto nº 5.687, de 31 de janeiro de 2006.[75]

Ao lado desses, há toda uma estrutura internacional de organizações que formulam políticas e parcerias de colaboração com vários países, entre eles o Brasil, para o combate à corrupção e que, por isso, formatam compromissos internacionais que devem ser observados pelos Estados-Partes e são alcançados pelo disposto no *caput* do art. 5º, da Lei Anticorrupção, dentre os quais: (i) Assembleia Geral das Nações Unidas (AG) e Conselho Econômico e Social (ECOSOC); (ii) Centro das Nações Unidas para a Prevenção da Criminalidade Organizada; (iii) Programa das Nações Unidas para o Desenvolvimento (PNUD); (iv) Comissão das Nações Unidas para o Direito do Comércio Internacional (UNCITRAL); (v) Banco Mundial (BIRD); (vi) Fundo Monetário Internacional (FMI); (vii) Organização Mundial do Comércio (OMC).[76]

---

[73] GALDI, Marco. La corruzione come disvalore costituzionale. *Rivista Federalismi.it*, nº 20/2019. Roma, 2019, p. 5. Vamos ter seguramente regra jurídica constitucional dispondo sobre isso, como ocorre na possibilidade de impugnação de mandato eletivo por conta de atos corruptivos (art. 14, §10). Por outro lado, os princípios da legalidade e moralidade, estabelecidos no art. 37, *caput*, da Constituição brasileira de 1988, autorizam a *dedução negativa da corrupção* como desvalor à Administração Pública.

[74] A Convenção prevê no art. 2º a responsabilização das *empresas* que subornarem os funcionários públicos estrangeiros, e vem nesse sentido a nova Lei Anticorrupção.

[75] A Convenção de Mérida estabeleceu mecanismos legais para o repatriamento de bens e recursos obtidos por meio de atos corruptos e remetidos para outros países, passo importante ao combate à corrupção. Ver o texto de GODINHO, Thiago José Zanini. Contribuições do direito internacional no combate a corrupção. *Rev. Fac. Direito UFMG*, Belo Horizonte, nº 58, p. 347 a 386, jan./jun. 2011.

[76] Desses movimentos todos é que, em 2013, foi instituída no Brasil a Estratégia Nacional de Combate à Corrupção e à Lavagem de Dinheiro – ENCCLA, formada por mais de 90 entidades dos Poderes Executivo, Legislativo e Judiciário, das esferas federal, estadual e

Importante a lembrança de Paulo Carvalho no sentido de que, embora as medidas contra práticas corruptas no exterior tenham se originado a partir de preocupações concorrenciais e geopolíticas,[77] outra causa importante para tanto foi a conclusão de que práticas corruptas internacionais e nacionais implicavam, não raro, déficits democráticos fomentadores de subdesenvolvimento.[78]

Se associarmos, pois, os dispositivos internacionais referidos com os princípios constitucionais que vinculam a Administração Pública em todo o país, nomeadamente os inscritos no art. 37, *caput*, da Carta Política de 1988, repetimos, a partir de leitura integrada e coerente do sistema jurídico vigente, resta fácil a conclusão do acerto da Lei nº 12.846/2013 instituindo verdadeira política pública de Estado – para além do Governo – de enfrentamento da corrupção e, por essa razão, vinculando a todas as entidades federativas sem exceção, não havendo que se falar em vício de inconstitucionalidade formal orgânica por parte da União Federal ao tomar a iniciativa de propor e aprovar a norma, porque estaria violando o pacto federativo e interferindo na autoridade de Estados, Municípios e Distrito Federal.[79]

---

municipal, bem como Ministério Público e entidades que atuam no combate à corrupção. Dessa iniciativa resultaram várias ações e medidas, entre as quais: o Programa Nacional de Capacitação e Treinamento no Combate à Corrupção e à Lavagem de Dinheiro (PNLD); a Rede Nacional de Laboratórios contra Lavagem de Dinheiro (Rede-LAB); o Sistema de Movimentação Bancária (SIMBA); a iniciativa de padronização do *layout* para quebra de sigilo bancário e a posterior criação do Cadastro Único de Correntistas do Sistema Financeiro Nacional (CCS). Ver mais informações no site: https://www.justica.gov.br/sua-protecao/lavagem-de-dinheiro/enccla. Acesso em: 22 jun. 2021. Ver também o trabalho de SANCTIS, Fausto Martin de. Lei anticorrupção e lavagem de dinheiro. *Revista dos Tribunais*, vol. 947-2014, p. 213, set. 2014.

[77] Lembremos, como Paulo Carvalho adverte, que "desde a edição do *Foreign Corrupt Practices Act* (FCPA), em 1977, o Congresso norte-americano utilizou-se da justificativa de que a corrupção permitia que empresas assegurassem negócios e participação no mercado independentemente do grau de eficiência com que operavam, resultando daí que o lucro passava a ser almejado mediante a obtenção de negócios de forma escusa, com menor preocupação com a eficiência e a produtividade". CARVALHO, Paulo Roberto Galvão de. *Legislação anticorrupção no mundo*: análise comparativa entre a lei anticorrupção brasileira, o Foreign Corrupt Practices Act norte-americano e o Bribery Act. SOUZA, Jorge Munhós de; QUEIROZ, Ronaldo Pinheiro de (orgs.). *Lei anticorrupção*. Salvador: JusPodivm, 2015, p. 37-40.

[78] *Idem*, p. 40. Ampliamos este debate em nosso livro LEAL, Rogério Gesta. *Déficits democráticos na sociedade de riscos e (des)caminhos dos protagonismos institucionais no Brasil*. São Paulo: Tirant lo Blanch, 2020.

[79] Argumento esposado, por exemplo, por DI PIETRO, Maria Sylvia Zanella. *Direito administrativo*. São Paulo: Atlas, 2016, p. 1004 e seguintes, do qual discordamos pelos fundamentos indicados.

Dessa forma, quaisquer das ações descritas nos incisos do art. 5º da Lei Anticorrupção, que de alguma forma atentem contra esses compromissos internacionais firmados pelo país – e saibamos que são muitos e demasiadamente amplos em seus significados –, poderão configurar ato lesivo a ser tutelado e responsabilizado pelos seus termos.

Mas aqui surge detalhe singular para refletirmos melhor: O que podemos entender por *atos lesivos que atentem* contra os bens jurídicos protegidos pela norma estudada?

Temos sustentado há tempo que a função dos sistemas jurídicos contemporâneos é a de constituir instrumentos adequados para orientar, de maneira efetiva, as escolhas e os comportamentos das pessoas no que importa à vida em Comunidade. Para tanto, suas normas devem contar com (1) efetiva validade factual e (2) adequada consolidação cognitiva, e (3) suas sanções precisam ser reafirmadas contrafaticamente.

A *efetiva validade factual* indica que não é suficiente que as normas sejam consideradas válidas pela maior parte dos membros da Comunidade, mas que devem sobretudo ser respeitadas de fato, porque somente o respeito material generalizado desta Comuna evidenciará prova (empiriocriticista) das reais vigências dessas normas. Por outro lado, as normas devem ser acompanhadas de *adequada consolidação cognitiva*, expressão que indica a existência de processo cognitivo graças ao qual a norma é reconhecida pelos membros da Comunidade que alcança, por convencimento racional e fundado, como válida, sendo por isso respeitada na generalidade dos casos – e é somente essa efetiva validade factual e adequada consolidação cognitiva que oportunizam estabilidade aos ordenamentos jurídicos. Agora, o fato de as normas serem observadas na generalidade dos casos não basta para afirmar que elas vigem em nível social, sendo indispensável que tais *normas sejam reafirmadas contrafaticamente*, ou seja, é necessário sancionar com penas as suas violações.[80]

Esses argumentos são luhmannianos, ou seja, a estabilidade do ordenamento jurídico tem dupla função: ela fornece orientação realmente fruível não só aos membros da comunidade, potenciais vítimas a quem se deve garantir a segurança das expectativas geradas pelos sistemas normativos, mas também aos que violam aqueles ordenamentos, os quais podem respeitar mais facilmente normas estabilizadas

---

[80] Ver, neste sentido, o texto de JAKOBS, Günther. *Sociedad, norma, persona en una teoría de un derecho penal funcional*. Colombia: Universidad Externado, 1998.

na realidade social efetiva do que as que vigem somente sob o plano abstrato.[81]

Nessa perspectiva, *ato lesivo atentatório* significa qualquer ação ou omissão juridicamente relevante que coloque em risco, ou que lesione, o patrimônio público, os princípios da Administração Pública e os compromissos internacionais assumidos pelo Brasil. Ou seja, não é necessário para tal caracterização que o comportamento atentatório provoque ou consolide dano material; basta que ele apresente risco proibido a tais bens e interesses. E isso se dá porque esta legislação representa verdadeira *norma de combate* à corrupção, com caráter também de prevenção geral, haja vista a gravidade e tragicidade das lesões que tenta coibir e responsabilizar, evidenciadoras de comportamentos defraudadores de expectativas legitimamente constituídas na Sociedade e no Estado, com tal intensidade e frequência, que foi necessário reconhecer serem seus autores, modo geral e mediante adequada demonstração probatória no devido processo legal, portadores de níveis de consciência e vontade dirigida a delinquência (basta vermos as espécies de condutas descritas nos incisos do art. 5º da Lei, todas demandando capacidades de articulação e negociação diferenciadas)

2.4 Notas conclusivas

Temos de ter presente que muitas das ações contra os interesses da Administração Pública, sejam elas praticadas pelo Mercado ou mesmo por agentes públicos, dão-se a partir de comportamentos preordenados e dolosos, com o intento firme de lesar o patrimônio de todos; e são recorrentes nisso, compondo redes de tráfico ilícito de influência, corrupção passiva e ativa, peculato, prevaricação e tantas outras iniciativas criminosas e ímprobas que a criatividade do mal pode construir.

Daí têm surgido cada vez mais legislações como a que estamos avaliando, e queremos defender neste trabalho que suas disposições – em especial as do seu art. 5º – estão a inaugurar a imposição

---

[81] Ver os textos de: LUHMANN, Niklas; DE GEORGI, Raffaele. *Teoría de la sociedad*. México: UIA-U de G-ITESO, 1993; LUHMANN, Niklas. *La ciencia de la sociedad*. Barcelona: Anthropos, 1996; LUHMANN, Niklas. *Sociologia do direito*. I e II. Rio de Janeiro: Tempo Brasileiro, 1983; LUHMANN, Niklas. *Teoría política en estado de bienestar*. Madrid: Alianza Editorial, 1993; LUHMANN, Niklas. *Observaciones de la modernidad*. Barcelona: Paidós, 1997; LUHMANN, Niklas. *Sociedad y sistema*: la ambición de la teoría. Barcelona: Paidós, 1995; LUHMANN, Niklas. *Sociología del riesgo*. Guadalajara: Universidad de Guadalajara, 1992.

de responsabilidade por *imputação objetiva*, pois não operam a separação entre pessoa jurídica e conhecimento em seu conceito, exigindo a atribuição de sentido aos bens tuteláveis no *caput* do dispositivo sem valorar o conhecimento do sujeito de direito, isso porque o sentido é sempre inseparável do fato, assim como a pessoa, no direito, é inseparável do conhecimento – o que gera a presunção de ciência do ilícito. Neste cenário, a empresa *desempenha papel* no mundo social que é dado pelo ordenamento jurídico como um todo, sendo *objeto de imputação o desvio desse papel*. No seu âmago se incorporam direitos e deveres, e nada obsta que determinados papéis estejam revestidos de deveres consectários – sempre por lei. No ponto, chama a atenção Polaino-Orts para o seguinte:

> Esses conhecimentos normatizados que perdem sua condição subjetiva e que se reveste como dever padronizado ou objetivado são também, está claro, objeto idôneo de imputação, devendo ser cumpridos, caso infrinjam. Por isso não *é* que rechaçamos os conhecimentos enquanto conhecimento (ou seja: como elementos puramente cognitivos), mas o conhecimento padronizado incorporado ao papel e que, por isso, propriamente deixa de ser conhecimento para se converter em algo amparado pelo conceito de dever. Isso significa que o conhecimento *é* introduzido no papel, perdendo seu caráter de conhecimento (subjetivo) para se converter em dever (normativo).[82]

O relevante, pois, não é se a pessoa física ou jurídica tinha possibilidade ou não de conhecer, mas sim se tinha o dever, ou não, de conhecer, e se esse dever foi infringido, pois ninguém pode se escusar de cumprir a lei alegando que não a conhecia, nos termos do art. 3º da lei de introdução às normas do direito brasileiro (nº 12.376/2010).[83] E

---

[82] POLAINO-ORTS. Miguel. Que significa imputação normativa? In: OLIVEIRA, William Terra de; NETO, Pedro Ferreira Leite; ESSADO, Tiago Cintra e SAAD-DINIZ, Eduardo (org.). *Direito penal econômico*: estudos em homenagem aos 75 anos do professor Klaus Tiedemann. São Paulo: LiberArs, 2013, p. 91. Aduz o autor, ainda, que deve ser imputado, a partir de tal perspectiva, a título de dolo ou culpa, não elemento meramente cognitivo, nem volitivo, mas sim o rompimento de expectativas sociais legítimas amparadas por papéis – o que configura infração de dever jurídico *lato* e *stricto sensu*. Na mesma linha, a reflexão de RAMÍREZ, Juan Bustos e PÉREZ, Sergio Yáñez. *Derecho penal alemán. Parte general.* Santiago de Chile: Ediciones Jurídicas de Chile, 1970, p. 50.

[83] Nesta senda, *a imputação tem quatro faces constitutivas*: (i) é *normativa*, na medida em que diz respeito, sempre, à infração de um dever; (ii) é *pessoal*, pois pressupõem o rompimento de um papel juridicamente pactuado; (iii) é *social*, supondo a frustação de expectativas legitimamente fundadas; (iv) é *valorativa*, pois se lhe atribui sentido social comunicativamente estabilizador, ainda que de sinais contrários, na medida em que cada pessoa cumpre ou

OS ATOS ATENTATÓRIOS AO PATRIMÔNIO PÚBLICO, AOS PRINCÍPIOS DA ADMINISTRAÇÃO PÚBLICA E AOS...

mais que isso, exige-se que empresas e seus órgãos diretivos, até por conta das inúmeras leis a que se submetem (tributárias, administrativas, societárias) tenham capacidade de exercitar diagnósticos e prognósticos fundados sobre riscos e perigos de sua atuação ou omissão em face de bens protegidos juridicamente – seus e de terceiros, cumprindo desempenhar o papel de agente prudente que leva em conta, no seu ofício, dados e informações notórios sobre tais elementos.[84]

Por outro lado, é possível falarmos na atual quadra histórica da função social da empresa em face das responsabilidades corporativas em relação à sociedade que historicamente tem assumido, fundadas tanto nos marcos normativos (constitucionais e infraconstitucionais), como nos compromissos axiológicos e deontológicos consectários, pois, se no início do século XX a missão das empresas privadas era fundamentalmente econômica, hoje elas são consideradas instituições com importantes responsabilidades éticas e morais para toda a sociedade, devido à sua crescente influência em vários segmentos da vida quotidiana.[85]

E não poderia ser diferente, já que as ações das empresas afetam significativamente a comunidade como um todo, deixando de existir a relação basicamente econômica entre elas e a comunidade em que estão inseridas, na qual as tarefas das primeiras com relação à segunda são resumidas na produção de bens e serviços, como suporte para gerar emprego e contribuir para o crescimento econômico, para outra perspectiva, mais ampla, na qual aquelas também estão submetidas a verdadeiro contrato de responsabilidade (de sustentabilidade ambiental e justiça social) com todas as pessoas. Trata-se do que poderíamos chamar de abordagem socialmente orientada da responsabilidade corporativa, para além de suas obrigações meramente legais.

Essa responsabilidade empresarial socialmente orientada está relacionada com a obrigação diretiva de agir para proteger e melhorar o bem-estar de todos e o interesse da organização, não se limitando

---

descumpre o papel que lhe é atribuído. Ver POLAINO-ORTS, Miguel. *Que significa imputação normativa?, op. cit.*, p. 94.

[84] Lembremo-nos da responsabilidade objetiva que essa Lei Anticorrupção estabelece às empresas que se envolverem em atos corruptivos desta natureza, e isso com fundamento na Constituição Federal, em seu artigo 173, parágrafo 5º, que prevê de forma explícita a possibilidade de imputar responsabilidade a pessoas jurídicas independentemente da responsabilização de seus dirigentes.

[85] Há bons elementos deste tema em KOONTZ, Harold & WEILHRICH, Heinz. *Administración estratégica, un enfoque integrado*. México: McGraw-Hill, 2005.

ao comportamento das pessoas, mas também se refere ao impacto das ações institucionais em todo o sistema social, daí porque autores como Edward Freeman advertem para o fato de que os empresários e acionistas/*stakeholders* tenham cada vez mais consciência dos efeitos do capitalismo em todas as partes das suas vidas, de tal modo que o problema da ética negocial expressa outro, que é o da ética deste capitalismo/mercado, o que demanda posição, por parte das corporações, mais eficaz e compromissada frente a eventuais – e cada vez mais corriqueiros – arroubos de agressividade empresarial predatória, também pela via da corrupção.[86]

De certo modo, desde 1976, com a Lei nº 6.404, vamos contar, no Brasil, com a previsão infraconstitucional de que "o administrador deve exercer as atribuições que a lei e o estatuto lhe conferem para lograr os fins e no interesse da companhia, satisfeitas as exigências do bem público e *da função social da empresa*" (art. 154). Ainda, em seu art. 116, parágrafo único, disciplina que o acionista controlador deve usar o poder com o fim de fazer a companhia realizar o seu objetivo e cumprir sua função social, e tem deveres e responsabilidades para com os demais acionistas da empresa, os que nela trabalham, *e para com a comunidade em que atua, cujos direitos e interesses deve lealmente respeitar e atender.*[87]

Ganha ainda mais relevo, por conta desses elementos, não perdermos de vista os bens jurídicos tutelados pelo *caput* do art. 5º – e não somente darmos atenção às espécies de ilícitos nominados pela norma como passíveis de responsabilização –, pois eles deverão servir de parâmetros permanentes de aferição das condutas indicadas, tendo presente também que, não raro, nestas situações de corrupção as vítimas são indeterminadas – a despeito do número dos atingidos ser, em regra,

---

[86] Ver neste sentido os textos de: (i) FREEMAN, R. Edward; HARRISSON, Jeffrey S.; WICKS, Andrew C.; PARMAR, Bidhan and COLLE, Simone de. *Stakeholder Theory – the state of the art*. New York: Cambridge University Press, 2010; (ii) MCGUIRE, Joseph William. *Business and Society*. New York: McGraw-Hill, 1963; (iii) DAVIS, Keith. *The case for and against business assumption of social responsibilities*. In: Academy Journal, 16: 312-322, 1979. No Brasil ver o texto de COMPARATO, Fabio Konder. *Função social da propriedade dos bens de produção*. In: Direito empresarial: estudos e pareceres. São Paulo: Saraiva, 1995. Nesta mesma obra ver outro texto de Comparato que é o *A reforma da Empresa*. Também BARBIERI, Jose Carlos; CAJAZEIRA, Jorge Emanuel Reis. *Responsabilidade Social Empresarial e Empresa Sustentável*. São Paulo: Saraiva, 2009.

[87] No ponto, ver o excelente texto de COMPARATO, Fábio Konder. Estado, empresa e função social. *Revista dos Tribunais*, nº 732, outubro de 1996, p. 38 e seguintes. São Paulo: Revista dos Tribunais, 1996. Com o mesmo entendimento FRAZÃO, Ana. *Função social da empresa*: repercussões sobre a responsabilidade civil de controladores e administradores de S/As, *op. cit.*, p. 343.

elevado –; ou ainda, revestem-se de características distintas daqueles atingidos pela delinquência ordinária. Muito especialmente os ilícitos praticados contra o Estado, ou provocadores de danos econômicos no mercado e contra consumidores múltiplos, se dão contra vítimas percebidas com certo grau de abstração, simbolicamente quase ausentes, o que retira inclusive possibilidades de movimentos sociais solidários mais intensos e significativos aos infortúnios perpetrados.[88]

Por isso temos visto surgir, por conta dessas ambiências, certa evolução para um *Direito Administrativo do Risco*, no qual ganham protagonismo infrações de perigo abstrato e contra bens jurídicos suprai-ndividuais, entre outros. Isso não significa que o Estado de Direito seja compatível com a persecução da segurança absoluta,[89] mas deve desenvolver, nomeadamente em face dos riscos e perigos de que estamos tratando, modelos de proteção social e individual com certo grau de segurança, razão fundante da Lei Anticorrupção, que, aliás, incorpora a perspectiva da multiplicidade institucional de controle e de responsabilização pelas condutas ilícitas que regulamenta, contemplando distintos tipos de sanções – civis e administrativas –, que se somam a outras de natureza penal.[90]

Na mesma medida, não podemos deixar de reconhecer que essa novel legislação toma as corporações enquanto integralidade e, nesta condição, como capazes de serem responsabilizadas, permitindo sancionamentos com níveis de efetividade mais agudos pelos erros por elas cometidos por conta de terem desbordado – ou terem permitido que isso ocorresse (por ação e omissão) – das margens dos riscos permitidos.[91] Consequentemente, esta modalidade corporativa de responsabilidade

---

[88] Sem sombra de dúvidas que esta deficitária percepção sobre muitas vítimas dessas modalidades de corrupção influencia seja sobre as possibilidades inibitórias dos sujeitos ativos desses delitos, seja sobre o fomento para reiterarem seus comportamentos, reduzindo ou até anulando sensações de culpa, o que retroalimenta a cadeia de eventos ilícitos. Por outro lado, elas podem causar danos às próprias empresas envolvidas (como nos casos de administração fraudulenta), danos a terceiros (no caso de responsabilidades pelo produto) e danos a outras empresas (como violações a leis antitrustes e deslealdade comercial).

[89] Tal qual nos advertiu muito bem ARENDT, Hannah. *Origens do totalitarismo*. São Paulo: Companhia das Letras, 1989.

[90] Ver, no ponto, o texto de CARSON, Lindsey D. e PRADO, Mariana Mota. Usando multiplicidade institucional para enfrentar a corrupção como um problema de ação coletiva: lições do caso brasileiro. In: FORTINI, Cristiana. *Corrupção e seus múltiplos enfoques jurídicos*. Belo Horizonte: Fórum, 2018, p. 175 e seguintes.

[91] Isso é possível afirmar desde que entendamos a sanção atribuída como ratificadora de determinada configuração identitária da Sociedade e resposta contrafática ao comportamento vedado pela norma, em nome da proteção de bem jurídico estabelecido.

fomenta a adoção de *standards* melhores, mais experiências de responsabilidade corporativa e medidas dissuasórias de futuras condutas desviadas da legalidade (prevenção geral negativa),[92] o que se impõem até em face de que muitas corporações lícitas se associam a outras ilícitas para praticaram delitos conjuntamente, e isso porque as noções de empresa hoje estão umbilicalmente ligadas aos conceitos de Estado e Sociedade Democrática de Direito, não podendo ser tomadas somente a partir da lógica do mercado e da economia globalizada, focadas tão somente no lucro e acumulação de riquezas.[93]

É óbvio que a empresa deve se esforçar para obter lucro, mas obedecendo a lei, sendo ética e um *bom cidadão corporativo*, pois, como agentes sociais que são, igualmente devem assumir a consideração moral de responder por suas decisões em face da sociedade em que atua, ganhando ainda mais relevo tais funções por conta, no caso do Brasil e a título exemplificativo, do disposto no art. 154 da Lei nº 6.404/1976 (Sociedade por Ações), determinando que o administrador deve exercer as atribuições que a Lei e o Estatuto lhe conferem para lograr os fins e interesses da companhia, satisfeitas as exigências do bem público e da função social da empresa, o que da mesma forma alcança o acionista controlador (art. 116).

2.5 Referências

AAKER, David A. *Construindo marcas fortes*. Porto Alegre: Bookman, 1996.

ALEXY, Robert. *Teoría de los derechos fundamentales*. Madrid: Centro de Estúdios Constitucionales, 1997.

ALFONSO, Luciano Parejo. *Derecho administrativo*. Madrid: Arial, 2013.

ARENDT, Hannah. *Origens do totalitarismo*. São Paulo: Companhia das Letras, 1989.

BARBIERI, Jose Carlos; CAJAZEIRA, Jorge Emanuel Reis. *Responsabilidade social empresarial e empresa sustentável*. São Paulo: Saraiva, 2009.

CARRIÓ, Genaro. *Princípios jurídicos e positivismo jurídico*. Buenos Aires: Abeledo-Perrot, 1987.

---

[92] Ver, no ponto, alguns argumentos de FERRAZ, Luciano. Reflexões sobre a Lei nº 12.846/2013 e seus impactos nas relações público-privadas: lei de improbidade empresarial e não lei anticorrupção. *Revista Brasileira de Direito Público – RBDP*, Belo Horizonte, Ano 12, nº 47, p. 33-43, out./dez. 2014.

[93] Esta nova perspectiva está muito bem assentada nos textos de: (i) AAKER, David A. *Construindo marcas fortes*. Porto Alegre: Bookman, 1996; (ii) COVEY, Stephen M. R. *O poder da confiança*: o elemento que faz toda a diferença. São Paulo: Elsevier, 2008.

CARSON, Lindsey D.; PRADO, Mariana Mota. Usando multiplicidade institucional para enfrentar a corrupção como um problema de ação coletiva: lições do caso brasileiro. In: FORTINI, Cristiana. *Corrupção e seus múltiplos enfoques jurídicos*. Belo Horizonte: Fórum, 2018.

CARVALHO, Paulo Roberto Galvão de. Legislação anticorrupção no mundo: análise comparativa entre a lei anticorrupção brasileira, o *Foreign Corrupt Practices Act* norte-americano e o *Bribery Act*. In: SOUZA, Jorge Munhós de; QUEIROZ, Ronaldo Pinheiro de (orgs.). *Lei anticorrupção*. Salvador: JusPodivm, 2015.

CERULLI, Vincenzeo Irelli. Principio de legalità e poteri straordinari dell'amministrazione. In: *Rivista de Diritto Pubblico*, nº 2/2007. Bologna: Il Mulino, 2007.

COMPARATO, Fabio Konder. Função social da propriedade dos bens de produção. In: *Direito empresarial*: estudos e pareceres. São Paulo: Saraiva, 1995.

COMPARATO, Fabio Konder. Estado, Empresa e Função Social. *Revista dos Tribunais*, nº 732, outubro de 1996.

COVEY, Stephen M. R. *O poder da confiança*: o elemento que faz toda a diferença. São Paulo: Elsevier, 2008.

DAL POZZO, Antonio Araldo Ferraz; DAL POZZO, Augusto Neves; DAL POZZO, Beatriz Neves; FACCHINATTO, Renan Marcondes. *Lei anticorrupção*: apontamentos sobre a Lei nº 12.846/2013. Belo Horizonte: Fórum, 2014.

DAVIGO, Piercamillo. *Il sistema della corruzione*. Roma: Laterza, 2017.

DAVIGO, Piercamillo. *La giubba del re. Intervista sulla corruzione*. Roma: Laterza, 2004.

DAVIS, Keith. The case for and against business assumption of social responsibilities. *Academy Journal*, 16: 312-322, 1979.

SANCTIS, Fausto Martin de. Lei Anticorrupção e lavagem de dinheiro. *Revista dos Tribunais*, v. 947-2014, p. 213, set. 2014.

FERRAZ, Luciano. Reflexões sobre a Lei nº 12.846/2013 e seus impactos nas relações público-privadas: lei de improbidade empresarial e não lei anticorrupção. *Revista Brasileira de Direito Público – RBDP*, Belo Horizonte, Ano 12, nº 47, p. 33-43, out./dez. 2014.

FREEMAN, R. Edward; HARRISSON, Jeffrey S.; WICKS, Andrew C.; PARMAR, Bidhan; COLLE, Simone de. *Stakeholder theory* – the state of the art. New York: Cambridge University Press, 2010.

GABARDO, Emerson; REZENDE, Maurício Corrêa de Moura. O conceito de interesse público no direito administrativo brasileiro. *Revista Brasileira de Estudos Políticos*, nº 115, julho/dezembro de 2017. Belo Horizonte, 2017.

GABARDO, Emerson. O princípio da supremacia do interesse público sobre o interesse privado como fundamento do Direito Administrativo Social. *Revista de Investigações Constitucionais*, v.4, nº 2, maio/agosto de 2017, Curitiba, 2017.

GALDI, Marco. La corruzione come disvalore costituzionale. *Rivista Federalismi.it*, nº 20/2019, Roma, 2019.

GASPARIN, Diógenes. *Direito administrativo*. São Paulo: Saraiva, 2015.

GATTA, Federica. *Covid-19: il quadro dell'ordimento d'emergenza*. Disponível em: https://www.iusinitinere.it/covid-19-il-quadro-dellordinamento-demergenza-26418. Acesso em: 05 maio 2021.

GODINHO, Thiago José Zanini. Contribuições do direito internacional no combate a corrupção. *Rev. Fac. Direito UFMG*, Belo Horizonte, n. 58, p. 347 a 386, jan./jun. 2011.

HACHEM, Daniel Wunder. A dupla noção jurídica de interesse público em direito administrativo. *A&C – Revista de Direito Administrativo & Constitucional*, Belo Horizonte, a. 11, n. 44, p. 59-110, abr./jun. 2011.

HACHEM, Daniel Wunder. *O princípio constitucional da supremacia do interesse público*. Belo Horizonte: Fórum, 2011.

HARGER, Marcelo. *Comentários à Lei Anticorrupção* – Lei 12.846/2013. Rio de Janeiro: Lumen Juris, 2019.

https://pesquisa.apps.tcu.gov.br/. Acesso em: 19 jul. 2019.

https://www.gov.br/economia/pt-br/assuntos/noticias/2020/abril/governo-preve-gastar-2-6-do-pib-em-medidas-emergenciais-para-o-combate-a-pandemia-da-covid-19. Acesso em: 23 abr. 2020.

https://www.justica.gov.br/sua-protecao/lavagem-de-dinheiro/enccla. Acesso em: 22 jun. 2021.

https://www1.folha.uol.com.br/cotidiano/2020/04/doria-compra-respiradores-sem-licitacao-da-china-por-r-550-mi-promotoria-investiga.shtml. Acesso em: 29 abr. 2020.

https://www1.folha.uol.com.br/cotidiano/2020/04/tce-aponta-irregularidades-em-compras-de-respiradores-no-rj.shtml. Acesso em: 1º maio 2020.

https://www1.folha.uol.com.br/poder/2020/04/estados-mais-afetados-como-sp-e-rj-sao-menos-transparentes-em-gastos-com-pandemia.shtml. Acesso em: 24 abr. 2020.

JAKOBS, Günther. Sociedad, *Norma, Persona en una teoría de un derecho penal funcional*. Colombia: Universidad Externado, 1998.

KOHAMA, Helio. *Contabilidade pública*: teoria e prática. São Paulo: Atlas, 2010.

KOONTZ, Harold; WEILHRICH, Heinz. *Administración estratégica, un enfoque integrado*. México: McGraw-Hill, 2005.

LARENZ, Karl. *Metodologia da ciência do direito*. Lisboa: Fundação Calouste Gulbenkian, 2000.

LEAL, Rogério Gesta. Efeitos predatórios da corrupção no mercado e na sociedade civil: alguns indicadores. *Revista Brasileira de Estudos Políticos*, nº 116, jan./jun., Belo Horizonte: UFMG, 2018.

LEAL, Rogério Gesta. *Estado, Administração Pública e sociedade:* novos paradigmas. Porto Alegre: Livraria do Advogado, 2006.

LEAL, Rogério Gesta. *Patologias corruptivas nas relações entre Estado, Administração Pública e sociedade.* Santa Cruz do Sul: Edunisc, 2013.

LEAL, Rogério Gesta. *Déficits democráticos na sociedade de riscos e (des)caminhos dos protagonismos institucionais no Brasil.* São Paulo: Tirant lo Blanch, 2020.

LUHMANN, Niklas; DE GEORGI, Raffaele. *Teoría de la Sociedad.* México: UIA-U de G-ITESO, 1993.

LUHMANN, Niklas. *La ciencia de la sociedad.* Barcelona: Anthropos, 1996.

LUHMANN, Niklas. *Observaciones de la modernidad.* Barcelona: Paidós, 1997.

LUHMANN, Niklas. *Sociedad y sistema:* la ambición de la teoría. Barcelona: Paidós, 1995.

LUHMANN, Niklas. *Sociología del riesgo.* Guadalajara: Universidad de Guadalajara, 1992.

LUHMANN, Niklas. *Sociologia do direito.* I e II. Rio de Janeiro: Tempo Brasileiro, 1983.

LUHMANN, Niklas. *Teoría política en Estado de bienestar.* Madrid: Alianza Editorial, 1993.

MCGUIRE, Joseph William. *Business and society.* New York: McGraw-Hill, 1963.

MINISTÉRIO DA FAZENDA. SECRETARIA DO TESOURO NACIONAL. *Manual de contabilidade aplicado ao setor público.* Brasília, 2012.

PAOLO, Mauro. Corruption and growth. *Quarterly Journal of Economics,* v. 110, p. 681-712.

PARISI, Nicoletta. *La prevenzione della corruzione nel modello internazionale ed europeo. Federalismi.it,* 08/05/2019. Disponível em: https://www.federalismi.it/ApplOpenFilePDF. cfm?artid=38584&dpath=document&dfile=14052019133137.pdf&content=La%2Bpreven zione%2Bdella%2Bcorruzione%2Bnel%2Bmodello%2Binternazionale%2Bed%2Beurope o%2B%2D%2Bstato%2B%2D%2Bdottrina%2B%2D%2B. Acesso em: 30 jun. 2021.

PETRELLUZZI, Marco Vinício; RIZEK JUNIOR, Rubens Naman. *Lei Anticorrupção:* origens, comentários e análise da legislação correlata. São Paulo: Saraiva, 2014.

POLAINO-ORTS. Miguel. Que significa imputação normativa? OLIVEIRA, William Terra de; NETO, Pedro Ferreira Leite; ESSADO, Tiago Cintra e SAAD-DINIZ, Eduardo (org.). *Direito Penal Econômico:* estudos em homenagem aos 75 anos do professor Klaus Tiedemann. São Paulo: LiberArs, 2013.

RAMÍREZ, Juan Bustos y PÉREZ, Sergio Yáñez. *Derecho penal alemán.* Parte general. Santiago de Chile: Ediciones Jurídicas de Chile, 1970.

REALE, Miguel. *Filosofia do direito.* São Paulo: Saraiva, 1999.

SILVA, Lino Martins da. *Contabilidade governamental*: um enfoque administrativo. São Paulo: Atlas, 2004.

SMEND, Rudolf. *Filosofia del derecho.* Madrid: Civitas, 1990.

SPENA, Alessandro. *Il turpe mercato.* Teoria e reforma dei delitti di corruzione pubblica. Milano: Giuffrè, 2013.

CAPÍTULO 3

A RESPONSABILIDADE OBJETIVA ADMINISTRATIVA E CIVIL DAS PESSOAS JURÍDICAS NOS TERMOS DA LEI ANTICORRUPÇÃO BRASILEIRA

3.1 Notas introdutórias

Pretendemos neste tópico abordar a questão da responsabilidade objetiva administrativa e civil das pessoas jurídicas de direito privado no âmbito da Lei Anticorrupção, em face de trazer inúmeros questionamentos à doutrina brasileira, agora judicializada pela Ação Declaratória de Inconstitucionalidade nº 5261 – ADI5261, intentada pelo Partido Social Liberal – PSL, que tramita no Supremo Tribunal Federal, inicialmente sob a relatoria do Min. Marco Aurélio – jubilado –, e ainda não julgada até a data da redação deste trabalho.[94]

O escopo desta ADI é o de ver declarada a inconstitucionalidade de previsões normativas da LAC sobre o reconhecimento da responsabilidade objetiva da pessoa jurídica por atos corruptivos por ela tipificados, em especial seus arts. 1º e 2º e o §1º do art. 3º.

O problema decorrente destes cenários que pretendemos destacar de modo mais pontual nesta reflexão é seguinte: a previsão de responsabilidade objetiva da pessoa jurídica por atos de corrupção e

---

[94] Na data de 01/06/2021, consta no site do STF que o processo está concluso ao Relator. http://portal.stf.jus.br/processos/detalhe.asp?incidente=4730342, Acesso em: 12 jul. 2021. O problema é que o Ministro Relator se aposentou neste interregno e o feito deverá ser redistribuído.

no âmbito da LAC fere garantias do Estado de Direito constitucional ora vigente, nomeadamente a histórica tradição da responsabilidade subjetiva no sistema normativo brasileiro?

Vamos sustentar resposta negativa ao problema formulado, e ao mesmo tempo será afirmativa no sentido de que a referida responsabilidade objetiva vem preencher lacuna importantíssima no sistema jurídico brasileiro para os fins de enfrentamento adequado à corrupção, o que vamos demonstrar a partir de fundamentos dogmáticos e críticos, inclusive alguns deles extraídos das manifestações já juntadas aos autos daquela ADI, por parte da Procuradoria Geral da República e da Advocacia Geral da União.

Para tanto, elegemos desenvolver o debate a partir dos seguintes objetivos específicos: (i) demarcar os argumentos centrais que já estão presentes na ADI5261, a favor e contra a responsabilidade objetiva da pessoa jurídica em atos corruptivos; (ii) avaliar, em termos dogmáticos e críticos, o problema da responsabilidade civil objetiva no Brasil; (iii) verificar em que medida, e por quais fundamentos, a empresa pode e deve ter sua responsabilidade objetiva reconhecida em termos de política anticorruptiva.

3.2 Sobre os argumentos prós e contras a responsabilidade objetiva da pessoa jurídica na ADI5261

A inicial da ADI5261 postula a declaração de inconstitucionalidade, dentre outros, dos arts.1º e 2º da LAC – justamente os que envolvem a responsabilidade objetiva da pessoa jurídica por atos de corrupção –, com os fundamentos (resumidos) de que essa modalidade de responsabilidade: (i) viola o princípio da culpabilidade ou da responsabilização subjetiva do causador do dano; (ii) busca tão somente agilizar a punição de eventuais culpados, ou abreviar a instrução probatória do processo punitivo, ferindo garantias do Estado de Direito vigente, tudo estando a violar o disposto no art. 5º, incisos XLV, XLVI, LIII e LIV, da Carta Política de 1988.

A Procuradoria Geral da República – PGR, em parecer circunstanciado, sustenta a improcedência da ADI5261 sob os seguintes fundamentos abreviados: (i) que a Constituição Federal de 1988, em seu art. 173, §5º, prevê a possibilidade de imputar responsabilidade às pessoas jurídicas independentemente de seus dirigentes; (ii) que a obrigação imposta às pessoas jurídicas de responder por danos, independentemente de dolo ou culpa, é adotada pela ordem jurídica e encontra amparo em diversos princípios constitucionais, entre outros, o da probidade administrativa, inscrita no art. 5º, LXXIII, e art. 37, §4º, o da moralidade (no art. 37, *caput*), os da razoabilidade e da proporcionalidade (no art. 5º, LIV) e mesmo o da função social da propriedade (no art. 5º, XXIII, e art. 170, III); (iii) por não ser norma penal, à LAC não se aplica o princípio da intranscendência das penas do Direito Penal.

Na mesma linha andou a Advocacia Geral da União – AGU em seu parecer nessa mesma ação de controle concentrado de constitucionalidade, alinhando os seguintes resumidos argumentos: (i) a previsão da denominada responsabilidade objetiva das pessoas jurídicas pela prática de atos contra a administração pública contribui para a concretização de relevantes princípios constitucionais, especialmente os preceitos da moralidade e a probidade administrativas, bem como o postulado do Estado Democrático de Direito; (ii) as diretrizes fixadas pela Lei nº 12.846/2013 acerca da responsabilidade civil e administrativa das pessoas jurídicas compatibilizam-se aos compromissos internacionais assumidos pelo País; (iii) o ordenamento jurídico brasileiro, antes mesmo da promulgação da lei impugnada, já permitia a imputação de responsabilidade objetiva em diversas hipóteses, tanto que, na esfera constitucional, a responsabilização das pessoas jurídicas de direito público e de direito privado prestadoras de serviços públicos, prevista no art. 37, §6º, da Constituição Federal, é espécie de responsabilização objetiva; (iv) para que o princípio da moralidade administrativa seja adequadamente concretizado, sua incidência não deve ser limitada, de modo exclusivo, à atuação dos agentes públicos, sendo indispensável que sua aplicação se estenda aos agentes privados cuja atuação se relacione à administração pública;[95] (v) a Constituição Federal, ao delegar para o legislador a regulamentação acerca da responsabilidade das pessoas jurídicas quanto aos atos praticados contra a ordem econômica e financeira e contra a economia popular, previu expressamente que tal imputação poderia ocorrer de forma autônoma

---

[95] Refere a AGU, com respaldo em Diogo de Figueiredo Moreira Neto, que no ponto é possível falar-se em *eficácia exógena do princípio da moralidade administrativa*, o que ratifica estarem as pessoas físicas e jurídicas do setor privado também alcançadas por ele. Parecer da AGU, p. 10.

em relação à responsabilidade de seus dirigentes, nos termos do §5º, do art. 173, da Carta Política.

Em face desses elementos ponderados, temos que se revela importante abordarmos o tema da responsabilidade civil objetiva em breve escorço histórico, até para entender como podemos chegar às mesmas conclusões sobre o tema proposto, e isso em perspectiva de fusão de horizontes entre o direito privado e o público, o que está patenteado no âmago da Lei Anticorrupção, quando versa sobre a matéria sob análise, não sendo possível mais enclausurar e diferenciar institutos jurídicos como sendo exclusivamente privados ou públicos.

3.3 O problema da responsabilidade civil objetiva: alguns apontamentos

É preciso reconhecer que, historicamente, o tema da responsabilidade civil – ao menos no âmbito das relações entre privados – ancorou-se na base do dolo e da culpa, demandando o envolvimento do elemento subjetivo específico do sujeito de direito.[96] Há certos elementos inclusive de senso comum coletivo neste sentido, como lembra Richard Epstein em clássico trabalho:

> TORTS is at once one of the simplest and one of the most complex areas of the law. It is simple because it concerns itself with fact patterns that can be understood and appreciated without the benefit of formal legal instruction. Almost everyone has some opinions, often strong even if unformed, about his rights and responsibilities towards his fellow man; and almost everyone has had occasion in contexts apart from the judicial process to apply his beliefs to the question of responsibility for some mishap that has come to pass. Indeed, the language of the law of tort, in sharp contrast, say, to that of civil procedure, reveals at every turn its origins in ordinary thought.[97]

---

[96] Ver o interessante trabalho de SILVA, Wilson Melo da. *Responsabilidade sem culpa*. São Paulo: Saraiva, 1974.

[97] EPSTEIN, Richard. A. *Theory of strict liability*. In: HeinOnline.2 J. Legal Studies, 151. 1973, p. 15. É certo que o autor dá muito relevo às dimensões/efeitos econômicos da responsabilidade e reparação ("*This common sense approach to torts as a branch of common law stands in sharp opposition to much of the recent scholarship on the subject because it does not regard economic theory as the primary means to establish the rules of legal responsibility*"); todavia, há outros âmbitos, como o administrativo, o civil e o penal, que têm igual importância. Ver, neste sentido, o texto de CALABRESI, Guido & MELAMED, A. Douglas. Property rules, liability rules, and inalienability: one view of the cathedral. *Harvard Law Review*, nº 85, 1089, 1102-05 (1972).

Ou seja, o tema da responsabilidade – em linhas gerais – esteve sempre presente não só na dogmática jurídica, mas na opinião pública, no sentido de que qualquer dano ou lesão a interesse juridicamente protegido reclama reparação/responsabilidade, a partir do que tem evoluído.

Um dos grandes problemas decorrentes do debate jurídico é saber se a modalidade de responsabilidade subjetiva é suficiente, hoje, para albergar todas as diversas formas complexas de relações sociais que se estabelecem no cotidiano das pessoas. Nem sempre é possível identificar como fonte do dano a ação ou omissão dolosa ou culposa do agente em sentido estrito; o resultado danoso e o nexo de causalidade entre a ação/omissão e o resultado.

A resposta a ambas as questões é negativa, no sentido de que há determinadas atividades que podem representar risco a outras pessoas, independentemente de dolo ou culpa, tanto que o art. 927 do Código Civil Brasileiro, em seu §1º, refere expressamente que "haverá obrigação de reparar o dano, independentemente de culpa, nos casos especificados em lei, ou quando a atividade normalmente desenvolvida pelo autor do dano implicar, por sua natureza, risco para os direitos de outrem".

E isso se dá pelo fato de que quem, com sua atividade, cria risco, deve suportar o prejuízo que sua conduta acarreta. Paulo Alonso salienta que "a objetivação da responsabilidade civil, que tem como princípio a ideia de que todo risco deve ser garantido, desvinculou a obrigação de reparação do dano sofrido da ideia de culpa, baseando-se no risco, ante a dificuldade de obtenção da sua prova, pelo lesado, para obter a reparação".[98]

Há certa lógica argumentativa e fática aqui, basta vermos os inúmeros riscos e mesmo prejuízos que as diferentes matrizes de processos produtivos do capitalismo criaram ao longo da história, submetendo trabalhadores, Sociedade e meio ambiente a progressivos ciclos de depauperação em múltiplos níveis (físicos, de poluição, contra a sustentabilidade do desenvolvimento etc.). Tais situações foram acumulando, às gerações passadas, presentes e futuras, danos incalculáveis, que vão produzir efeitos por décadas. Não por acaso que o Direito Ambiental

---

[98] ALONSO, Paulo Sérgio Gomes. *Pressupostos da responsabilidade civil objetiva.* São Paulo: Saraiva, 2000, p. 12. De igual sorte, ver o texto de VENOSA, Silvo de Salvo. *Direito civil: responsabilidade civil.* São Paulo: Atlas, 2002.

é um dos primeiros campos jurídicos a adotar o risco do dano como causa de proteção curativa e preventiva.[99]

Lembra Neto que foi na Alemanha, em 1888, onde se sustentou que os danos oriundos de acidentes inevitáveis na exploração de empresa deviam ser incluídos nas despesas do negócio, atendendo ao interesse da paz social, o que evidencia o funcionamento do risco como fundamento da obrigação de indenizar e justifica a responsabilidade sem culpa; "quem colhe os frutos da utilização de coisas perigosas, ou de uma empresa, deve experimentar as consequências prejudiciais que delas decorrem".[100]

Josserand, por sua vez, preocupado com a situação dos trabalhadores em plena evolução marginalizante do capitalismo, propõe a responsabilidade civil como decorrente de um fato, acontecimento ou causa capaz de impor riscos a terceiros, podendo ser diretamente extraída do art. 1.382 do Código Napoleônico – indicando que o princípio da imputabilidade fosse substituído pela simples causalidade, prescindindo da avaliação do comportamento do sujeito causador do dano.[101]

A partir daí foram muitas as evoluções desta modalidade de responsabilidade civil objetiva, passando pelas perspectivas: (a) da responsabilidade de tipo risco integral, operando sob o fundamento de que haveria a obrigação de reparação de qualquer dano causado pelo agente, desde que fosse ele a causa material do ato, excetuando-se os fatos exteriores a si; (b) da responsabilidade por ato anormal, autorizando o reconhecimento desta quando o agente excedesse a conduta para além do respeito a terceiro – o que amplia as discussões sobre o tema da subjetividade, do que seja normalidade e anormalidade para fins de responsabilidade objetiva; (c) até chegar à responsabilidade do

---

[99] Ver nosso trabalho LEAL, Rogério Gesta. *Impactos Econômicos e Sociais das Decisões Judiciais.* Brasília: Enfam, 2010, e os textos de (i) HIRONAKA, Giselda Maria Fernandes Novaes. *Responsabilidade civil e contemporaneidade: retrato e moldura.* In: CANEZIN, Claudete Carvalho (coord.). Arte jurídica: biblioteca científica de direito civil e processo civil. Curitiba: Juruá, 2007. v. 2. p. 29-39; (ii) HIRONAKA, Giselda Maria Fernandes Novaes. *Responsabilidade pressuposta.* Belo Horizonte: Del Rey, 2005.

[100] NETO, Martinho Garcez. *Responsabilidade Civil no Direito Comparado.* Rio de Janeiro: Renovar, 2017, p. 95. Também a doutrina especializada refere os trabalhos de CHAPPUIS, Christine (ed.); WINIGER, Bénédict (ed.). *Responsabilité Civile – Responsabilité Pénale. Journée de la responsabilité civile 2014.* Genève: Schulthess, 2015.

[101] JOSSERAND, Louis. *Evolução da Responsabilidade Civil.* In: Revista Forense, Rio de Janeiro, ano 38, v. 86, p. 548-559, abr.1941. Da mesma forma os textos de: (1) CAVALIERI FILHO, Sérgio. *Programa de Responsabilidade Civil.* São Paulo: Atlas, 2010; (2) SCHREIBER, Anderson. *Novos paradigmas da responsabilidade civil: da erosão dos filtros da reparação à diluição de danos.* São Paulo: Atlas, 2011.

A RESPONSABILIDADE OBJETIVA ADMINISTRATIVA E CIVIL DAS PESSOAS JURÍDICAS NOS TERMOS DA LEI...

risco propriamente dita, estruturada a partir da ideia de que é importante assegurar às vítimas reparação de danos que foram causados por agentes que empreenderam atividades potencialmente causadoras deles.[102]

Mesmo essa responsabilidade do risco mais contemporânea ganhou modulações múltiplas, tais como a *teoria do **risco-proveito*** (responsabilizando agentes econômicos pelos atos praticados que lhes rendem dividendos, e por eles devendo ser responsabilizados);[103] a chamada *teoria do **risco-criado***, que não mais pressupõe o risco como elemento da atividade economicamente proveitosa ao agente, basta que diga respeito a qualquer atividade que seja potencialmente danosa à esfera jurídica de terceiros.[104]

Um dos problemas da teoria do risco-proveito é o de se aferir quando ele existe e de que natureza é, pois se o conceito de proveito estiver vinculado exclusivamente à sua dimensão econômica, isso reduziria em muito as possibilidades configurativas de autoria da responsabilidade, talvez limitando-a às figuras dos agentes de mercado.

Daí o fôlego que ganhou a *teoria do risco-criado*, entre os brasileiros, muito festejada pelo Prof. Caio Mário da Silva Pereira, sustentando exatamente que aquele que, em razão de sua atividade ou profissão, cria situações de perigo, está sujeito à reparação do dano que causar, salvo prova de haver adotado todas as medidas idôneas a evitá-lo.[105] Na mesma linha, vai Regina Silva:

---

[102] Estas são as lições de HEVIA, Martín. *Derecho privado y filosofía política* – fundamentos filosóficos de la responsabilidad civil. México: Fontamara, 2019.

[103] Veja-se, por exemplo, algumas decisões judiciais antigas nessa direção: (a) a que envolve responsabilização de estabelecimento comercial pela segurança dos veículos estacionados como contrapartida ao lucro auferido com a "facilidade" oferecida à clientela, nos termos da decisão do Superior Tribunal de Justiça. 3ª Turma, em agravo regimental no agravo em Recurso Especial nº 74.422/SP. Rel. Min. Sidnei Beneti, julgado em 13/12/2011; (b) a que reconhece a responsabilidade objetiva de instituições de caridade por trás de hospitais beneficentes, ainda que, a rigor, estas não *lucrem* com sua manutenção, nos termos da decisão também do Superior Tribunal de Justiça. 3ª Turma, no Recurso Especial nº 519310/SP, relatoria da Ministra Nancy Andrighi, julgado em 20/04/2004.

[104] Desde há muito a doutrina brasileira debate estas questões, como mostra BITTAR, Carlos Alberto. *Responsabilidade civil nas atividades perigosas*. São Paulo: RT, 1984.

[105] PEREIRA, Caio Mário da Silva. *Responsabilidade civil*. Rio de Janeiro: Forense, 2002, p. 25 e seguintes. Reconhecem esses elementos, inclusive aqueles que têm reiteradas críticas à Lei Anticorrupção, como TAAMASAUSKAS, Igor Sant'Anna e BOTTINI, Pierpaolo Cruz. A interpretação constitucional possível da responsabilidade objetiva na Lei Anticorrupção. *Revistas dos Tribunais*, v. 947, Ano 103. São Paulo: RT, 2014, p.133/155.

A teoria que melhor explica a responsabilidade objetiva é a do risco criado, adotada pelo novo Código Civil, pela qual o dever de reparar o dano surge da atividade normalmente exercida pelo agente, que cria o risco a direitos ou interesses alheios. Nesta teoria, não se cogita de proveito ou vantagem para aquele que exerce a atividade, mas da atividade em si mesma que é potencialmente geradora de risco a terceiros.[106]

Resta claro, a partir desses elementos que destacamos, que o fundamento da responsabilidade civil – notadamente em sua modalidade objetiva e entre privados – não deve repousar prioritariamente no proveito econômico que obteve o agente que a criou, mas deve levar em conta também a pessoa da vítima, esta que é dotada de direitos inalienáveis, bem como do direito à integridade patrimonial e moral a ser protegido e garantido pela ordem jurídica.[107] Abstrai-se nesta perspectiva a configuração necessária da culpa em face de que a causa fundante caracterizadora de responsabilidade estaria em circunstâncias fáticas específicas geradoras de potencial dano, devendo-se ter em conta, como quer Caio Mário, "a convivência das duas doutrinas: a culpa exprimiria a noção básica e o princípio geral definidor da responsabilidade, aplicando-se a doutrina do risco nos casos especialmente previstos, ou *quando a lesão provém de situação criada por quem explora profissão ou atividade que expôs o lesado ao risco do dano que sofreu*".[108]

---

[106] SILVA, Regina Beatriz Tavares. *Novo Código Civil Comentado*. Organizado por Ricardo Fiuza. Comentários ao art. 927. São Paulo: Saraiva, 2002, p. 820. Fernando Noronha lembra que a teoria do risco-proveito impõe que quem extrai proveito de certa atividade responda também pelos riscos que ela traz; já a *teoria do risco* criado não se fixa nesta ideia de proveito, dando relevo à atividade criadora do risco que faz surgir a possibilidade do dano; a teoria do risco de empresa, valendo-se da mesma lógica do risco criado, tem que há certos riscos inerentes à atividade negocial da pessoa jurídica, e por eles deve responder. NORONHA, Fernando. *Direito das obrigações*. São Paulo: Saraiva, 2003, p. 485 e seguintes.

[107] Ver o excelente texto de FACCHINI NETO, Eugênio. Da responsabilidade civil no novo Código. In: SARLET, Ingo Wolfgang (org). *O novo Código Civil e a Constituição*. Porto Alegre: Livraria do Advogado, 2003. Ver também, na mesma direção, o texto de POMAR, Fernando Gómez. Carga de la prueba y responsabilidad objetiva. In: *Dret, nº* 1, 2001. Disponível em: http://www.indret.com, Acesso em: 10 ago. 2021.

[108] PEREIRA, Caio Mário da Silva. *Responsabilidade civil, op. cit.*, p. 268 (Grifo nosso). Em seguida, vai advertir o autor que não se pode aceitar a abolição total da responsabilidade baseada na demonstração da culpa, "e substituição integral pela teoria do risco, pois isso implica desatender, sob o aspecto moral, à qualificação boa ou má da conduta, sujeitando sempre o causador do dano a indenizar a vítima, independentemente de apurar se o comportamento foi contraveniente *à* norma ou obediente ao seu mandamento". (p. 273). Mais recentemente, ver o texto de NETTO, Felipe p. Braga. Uma nova hipótese de responsabilidade objetiva na ordem jurídica brasileira? O Estado como vítima de atos lesivos. In: SOUZA, Jorge Munhós de; QUEIROZ, Ronaldo Pinheiro de (orgs.). *Lei Anticorrupção*. Salvador: JusPodivm, 2015.

Associe-se a isso o fato inarredável de que as relações sociais hodiernas encontram-se marcadas por níveis de complexidade e conflituosidade jamais antes vistos, em face também do desenvolvimento desequilibrado do crescimento econômico divorciado do desenvolvimento social, acarretando riscos e danos imensos à Sociedade como um todo, ao Meio Ambiente natural e construído, e às relações entre os indivíduos, o que afeta os padrões de dignidade humana postos pela cultura constitucional atual.[109] Na dicção de Patrícia Vieira:

> A responsabilidade objetiva sustenta em si a noção de segurança geral, pelo controle do fato tido como causa do dano, para que todos possam suportar os prejuízos que venham a recair sobre qualquer um de nós, a título de riscos da vida em uma sociedade desenvolvida, massificada e com crescente aumento dos acidentes de trabalho, de trânsito, de transporte e de consumo, das atividades estatais, ambientais, minerais, dentro outras. Dessa forma, a reparação do dano sofrido pela vítima está ligada diretamente a ideia de garantia, seja pela indenização individual ou pela socialização dos riscos existentes no mundo atual.[110]

Tais cenários geram riscos que extrapolam a lógica da culpa em sentido estrito, ou do dolo, localizado em ação específica de pessoa específica, pois envolvem vários protagonistas e atores, institucionais, coletivos e individuais, que interagem de forma associada, ou não, formatando instâncias de responsabilidades individuais e compartidas em diversos momentos das cadeias de nexos causais originários de danos consectários.[111] Por outro lado, pode-se dizer que, "de uma perspectiva psicologizada, de um querer negligente ou imprudente, passou-se a uma compreensão, por assim dizer, objetivada de culpa, como um

---

[109] Ver o excelente texto de BARCELLONA, V. Pietro. *Diritto privato e processo economico*. Napoli: Jovene, 2020.

[110] SERRA VIEIRA, Patrícia Ribeiro. *A responsabilidade civil objetiva do direito de danos*. Rio de Janeiro: Forense, 2014, p. 88. Ver também, neste sentido, o texto de TEPEDINO, Gustavo. A evolução da responsabilidade civil no direito brasileiro e suas controvérsias na atividade estatal. In: *Temas de Direito Civil*. Rio de Janeiro: Renovar, 2014.

[111] Daí porque Virginia Lafuente fala *"responsabilidad disyuntiva*, no sentido de que: "*En este supuesto existe una imposibilidad de probar la relación causal individual. Esta dificultad probatoria debe estar referida solamente a la identificación del autor material del daño, ya que es imprescindible la acreditación de que el daño lo ha causado alguno de entre varios individuos determinados. Cuestión que no hay que confundir con el supuesto en el que existen varios responsables que han contribuido de una forma u otra en la causación del daño, cuando no se pueden deslindar parcelas separadas del mismo para atribuir individualmente a cada uno de ellos"*. LAFUENTE, Virginia Múrtula. *La responsabilidad civil por los daños causados por un miembro indeterminado*. Madrid: Dykinson, 2019, p. 69.

comportamento desalinhado com um *standard* de conduta desejável".[112] Schreiber ainda vai mais adiante:

> a responsabilidade objetiva parece revelar a sua verdadeira essência na contemporaneidade: não a de uma responsabilidade por risco, mas a de uma responsabilidade independente de culpa ou de qualquer outro fator de imputação subjetiva, *inspirada pela necessidade de se garantir reparação pelos danos* que, de acordo com a solidariedade social, não devem ser exclusivamente suportados pela vítima – uma proposição, portanto, essencialmente negativa.[113]

Caitlin Sampaio chega a falar que a tendência contemporânea sobre o tratamento da culpa no âmbito da responsabilidade civil é analisá-la a partir da chamada "fragmentação do modelo de conduta, levando-se em conta parâmetros diferenciados para cada conduta individualizada, isso *é, standards* específicos para cada caso concreto analisado".[114]

E quais os reflexos disso, por exemplo, na legislação ordinária brasileira contemporânea? Historicamente temos, de certa forma, incorporado essas ideias e doutrinas em termos de normativas próprias; basta ver: (i) a edição do Decreto nº 2.681, de 1912, tratando do tema da responsabilidade das estradas de ferro por danos causados aos proprietários marginais; (ii) a Lei nº 5.316, de 1967, o Decreto nº 61.784, de 1967, e a Lei nº 8.213, de 1991, todos versando sobre acidentes de trabalho; (iii) a Lei nº 6.194, de 1974, e a Lei nº 8.441, de 1992, regulando o seguro obrigatório de acidentes de veículos, cabendo à seguradora pagar o valor previsto independentemente de culpa do motorista; (iv) a própria Lei nº 6.938, de 1981, atinente aos danos causados ao meio ambiente.

---

[112] SCHREIBER, Anderson. Novas tendências da responsabilidade civil brasileira. *Revista Trimestral de Direito Civil*, Ano 6, v. 22, p. 45-69, abr./jun. 2005, p. 52. Ver também o texto de MORAES, Maria Celina Bodin de. A constitucionalização do direito civil e seus efeitos sobre a responsabilidade civil. In: *Direito, Estado e sociedade*, v. 9, nº 9 (jul./dez. 2006), p. 239. Disponível em: publique.rdc.puc-rio.br/direito/media/Bodin_n29.pdf. Acesso em: 05 nov. 2021; e outro texto da mesma autora: MORAES, Maria Celina Bodin de. Problemas em torno da cláusula geral de responsabilidade objetiva. In: *Estudos em homenagem ao Professor Celso Mello*. Rio de Janeiro: Renovar, 2006.

[113] SCHREIBER, Anderson. *Novos paradigmas da responsabilidade civil:* da erosão dos filtros da reparação *à* diluição de danos, *op. cit.*, p. 31. (Grifo nosso.)

[114] MULHOLLAND, Caitlin Sampaio. *A responsabilidade civil por presunção de causalidade.* Rio de Janeiro: GZ Editora, 2010, p. 45.

CAPÍTULO 3
A RESPONSABILIDADE OBJETIVA ADMINISTRATIVA E CIVIL DAS PESSOAS JURÍDICAS NOS TERMOS DA LEI... | 79

Mais recentemente também tivemos atualizações legislativas que ampliaram a perspectiva da responsabilidade civil objetiva, com: (i) a edição do Novo Código Civil Brasileiro – NCCB e a previsão de que o contrato tenha uma função social, o que implica a proibição do abuso de direito, a exigência de boa-fé (inclusive objetiva), proteção da ordem pública (pelos termos do art. 422 do NCCB); (ii) a previsão da responsabilidade civil objetiva, nos termos do art. 927, §único, do NCCB, e art. 12 do Código de Defesa do Consumidor (Lei nº 8.078/1990); (iii) a responsabilidade por fato de terceiro e por fato de animais (arts. 932, 933 e 936 do NCCB); (iv) a responsabilidade empresarial pelos danos causados pelos produtos postos em circulação (art. 931 do NCCB).

É tão clara a opção normativa nesse sentido, que o art. 188 do NCCB deixa de considerar ilícita a conduta de agente que atua em legítima defesa, no exercício regular de direito reconhecido, ou que deteriora/destrói coisa alheia, ou lesiona pessoa, a fim de remover perigo iminente; todavia, o mesmo NCCB, em seu art. 929, reconhece ao lesado que não houver concorrido para o perigo referido no art. 188, o direito à reparação independentemente de culpa daquele agente que o provocou (mesmo que naquelas circunstâncias). O que o sistema jurídico sob comento está a dizer é que *é possível haver lesão de direito de outrem pela prática de ato lícito*, e que em tais condições há responsabilidade passível de aferição e ensejadora de reparação, desde que a vítima não tenha dado causa (direta ou indireta) à situação de perigo correspondente.[115]

O art. 187 do NCCB reforça a ideia de responsabilidade empresarial na medida em que prevê que o titular de direito, ao exercê-lo excedendo manifestamente os limites impostos pelo seu fim econômico ou social, pela boa-fé ou pelos bons costumes, configura o cometimento de ato ilícito passível de sanções as mais diversas. Residem aqui alguns fundamentos da denominada responsabilidade aquiliana, em especial a existência de irregulares comportamentos de sujeitos de direitos descumprindo normas jurídicas cogentes preexistentes.[116] E isso se dá

---

[115] Atente-se para o fato de que o art. 930 do NCCB prevê a hipótese de que o agente que causou o dano pelo cometimento de ato lícito venha a se ressarcir regressivamente de quem eventualmente tenha dado causa a seu agir, medida salutar de resguardo da responsabilidade autoral-matriz.

[116] Ver o texto de STOCO, Rui. *Tratado de responsabilidade civil*. São Paulo: Revista dos Tribunais, 2019, em especial a partir da p. 164 e seguintes. Pontes de Miranda, em sua época, já referia que: "O estudo do abuso do direito *é* a pesquisa dos encontros, dos ferimentos que os direitos se fazem. Se pudessem ser exercidos sem outros limites que os da lei escrita, com indiferença, se não desprezo, da missão social das relações jurídicas, os absolutistas teriam

porque "todo o direito, ainda que absoluto, *é* relativo quanto ao seu exercício, sofrendo o seu titular, no uso das prerrogativas, poderes e faculdades que nele se contêm, limitações gerais e especiais, incluída entre as primeiras a proibição do exercício irregular, anormal ou abusivo do direito excogitado".[117]

Mas por que a responsabilidade objetiva se aplica à pessoa jurídica no âmbito da Lei Anticorrupção? É o que passamos a tratar a partir de agora.

3.4 Condições e possibilidades da responsabilidade objetiva da empresa no âmbito da Lei Anticorrupção

É preciso ter presente, para estas considerações, o papel que a empresa assume em nível de relações de mercado e em face da Sociedade (historicamente e hoje), considerando principalmente a advertência que, desde a década de 1930, Berle e Means faziam, no sentido de que o mercado capitalista tinha a tendência de desenvolver práticas e procedimentos comerciais pouco pautados por princípios éticos e morais.[118]

Por tais razões, como quer Rizziato e Nemmo, "*si è passati da un'idea di responsabilità corrispondente ad azioni puramente filantropiche a visioni più mature che hanno considerato la responsabilità delle imprese come qualcosa di ampio, legato all'ambiente, ai dipendenti, ala comunità e ai consumatori*".[119] A partir desses elementos percebidos por amplos segmentos e estudiosos do crescimento econômico associado ao desenvolvimento social, surge também a preocupação com o tema do desenvolvimento sustentável – já na década de 1980 –, para o que as reflexões de Freeman contribuíram em muito, notadamente no sentido

---

razão. Mas, a despeito da intransigência deles, fruto da crença a que se aludiu, a vida sempre obrigou a que os direitos se adaptassem entre si, no plano do exercício. Conceptualmente, os seus limites, os seus contornos, são os que a lei dá, como quem põe objetos na mesma maleta, ou no mesmo saco. Na realidade, quer dizer – quando se lançam na vida, quando se exercitam – têm de coexistir, têm de conformar-se uns com os outros". PONTES DE MIRANDA. *Tratado de direito privado.* T. LIII, §5.500. Rio de Janeiro: Borsoi, 2003, p. 61-76.

[117] MORAES, Maria Amália Dias de. Do abuso de direito – alguns aspectos. *Revista Estudos Jurídicos*, nº 43, Ano XVIII, Porto Alegre, 1985, p. 26.

[118] Ver o clássico texto BERLE, A.; MEANS, G. *Modern corporation and private property.* New York: Macmillan, 2000.

[119] RIZZIATO, E. e NEMMO, E. *Un quadro internazionale, europeo ed italiano sulla responsabilità sociale dele organizzazioni con focus sull'etica dello sviluppo organizativo.* Rapporto Tecnico Cnr-Ceris N 40 del Febbraio 2012, p. 07. Ver também o texto de SALVI-M.VILLONE, Carlo. *Il costo della democrazia.* Milano: Mondadori, 2020.

de advertir para o fato de que a rentabilidade do mercado e das empresas – numa visão de médio e longo prazo – deve se basear em face não só das premissas econômicas, mas também das sociais e ambientais.[120]

Também tem ganhado relevo o tema da ética corporativa, entendida como a promoção da responsabilidade nos âmbitos social, ambiental e financeiro, e da sustentabilidade na relação com clientes, fornecedores, acionistas e comunidade.[121] Nesse sentido, o Instituto Ethisphere, de New York, divulga anualmente lista de companhias mais éticas, e entre os critérios analisados para tal enquadramento estão a reputação, a capacidade de liderança e inovação, seus modelos de governança e de responsabilidade corporativa, sua cultura e qualidade dos programas de ética e *compliance*.[122]

Daí a importância da chamada *Responsabilidade Social das Organizações – RSO*, definição forjada pela UNI SIO 26000, sendo que os organismos europeus e internacionais, modo geral, consideram a difusão desta RSO como parte importante da própria agenda política das nações. Tal responsabilidade busca a integração das preocupações econômicas da empresa com as questões sociais e ecológicas consectárias envolvendo particularmente as consequências ambientais das ações econômicas, o respeito aos Direitos Humanos, a segurança no trabalho, a transparência nas comunicações com os clientes, acionistas e consumidores etc.[123]

Por conta de tais elementos, há consenso da doutrina especializada que a edição de Tratados e Convenções internacionais sobre o tema tem auxiliado em muito não só o nível de conscientização dos dirigentes governamentais, mas também da própria população; basta ver o progressivo surgimento de casos e processos administrativos e

---

[120] FREEMAN, E.R. *Strategic management* – a stakeholder approach. Pitman: Boston, 2019.

[121] Ver o texto de BATEMAN, T. Thinking about corporate social responsibility. In: *The Integra Venture*. http://iintegra.infotech.sk/downloads/83_CSR-Thinking%20.pdf. Acesso em: 02 mar. 2021.

[122] Ver o site http://ethisphere.com/. Acesso em: 02 mar. 2021. A Ethisphere, em suas análises, tem trabalhado com os seguintes critérios: *"The criteria used for this category are fully aligned to corporate best practices, relevant case law and the 'hallmarks' of an effective compliance and ethics program as outlined by the Federal Sentencing Guidelines, including: 1. Program structure, responsibility and resources; 2. Program oversight and the tone at the top; 3. Written standards; 4. Training and communication; 5. Due care; 6. Detection, monitoring and auditing; 7. Enforcement and discipline"*.

[123] COMISSÃO EUROPEIA. *Libro verde Promuovere um quadro europeo per la responsabilità sociale dele imprese*, Bruxelles, [COM (2001) 366], 2002. Ver ainda a Comunicação desta Comissão intitulada: *Strategia rinnovata del'UE per il periodo 2011-2014 in materia di responsabilità sociale delle imprese* del 25.10.2011, [COM (2011)].

judiciais denunciando a participação de empresas e suas subsidiárias em negociatas de corrupção com diferentes instâncias de governos federal, estaduais e municipais, em todo o mundo.[124]

Prova disso também é o que consta no art. 2º da Convenção de Combate à Corrupção praticada por Servidores Públicos Estrangeiros em Transações Negociais Internacionais (OECD) e no art. 26 da Convenção contra a Corrupção (UNCAC), em que cada Estado-Parte restou comprometido a tomar medidas efetivas, de acordo com tais normas cogentes internacionais, para estabelecer a responsabilidade das pessoas jurídicas por atos de corrupção, nas esferas civil, administrativa e penal. Da mesma forma o art. VIII da Convenção Interamericana contra a Corrupção (ICAC) exigiu que os Estados-Partes proibissem e punissem atos corruptivos de pessoas físicas e jurídicas. Ou seja, um quadro de responsabilidade corporativa sólido seguramente auxilia, com maior efetividade, os países a enfrentarem, com maiores chances de sucesso, as patologias corruptivas, criando redes de mútua assistência e cooperação.[125]

Como dizem McCarthy e Vlassis (Vice-Presidente da área de integridade do Banco Mundial e Chefe da área de Corrupção e Crimes Econômicos do Escritório das Nações Unidas sobre Drogas e Crime, respectivamente), no momento em que as empresas buscam compensar a queda do faturamento no mercado interno aumentando sua fatia no mercado global, resistir à tentação da corrupção torna-se cada vez mais difícil, tanto que diversos estudos e pesquisas apontam, recentemente, forte aumento de fluxos financeiros ilícitos – fenômeno que, inexoravelmente, drena dinheiro de países mais pobres. Alertam os autores que:

> A corrupção não é "como os negócios são feitos" ou "como o mundo funciona". Aliás, a experiência mostra que uma política de tolerância zero

---

[124] Ver o texto de OBIDAIRO, Simeon. *Transnational corruption and corporations:* regulating bribery through corporate liability. London: Ashgate, 2020. Lembra o autor, com razão, que a corrupção empresarial por vezes é de difícil identificação, eis que: "*The use of elaborate financial frameworks and accounting techniques to conceal illegal transactions is also common. In: addition, complex corporate structures, decentralised and global business operations and multiple layers of managerial authority make it difficult to attribute responsibility for wrongdoing to a particular person or persons*". (p. 35). No Brasil, ver o trabalho de PETRELLUZZI, Marco Vinício; RIZEK JUNIOR, Rubens Naman. *Lei Anticorrupção:* origens, comentários e análise da legislação correlata. São Paulo: Saraiva, 2014.

[125] Ver o texto de ADEYEYE, Adefolake. *Corporate social responsibility of multinational corporations in developing countries:* perspectives on anti-corruption. Cambridge: Cambridge University Press, 2019.

melhora os resultados financeiros das empresas e a eficácia dos governos. Além disso, a corrupção não se limita ao mundo em desenvolvimento nem é culturalmente tendenciosa. Ninguém prefere viver numa sociedade na qual é preciso pagar propina para assegurar serviços básicos como saúde e educação. Só será possível eliminar a corrupção com uma efetiva combinação de estratégias inteligentes de prevenção e uma implacável aplicação da lei, sustentadas pela crença de que a ganância pode ser dissuadida, a responsabilidade pode ser ensinada e a impunidade pode ser eliminada.[126]

Importante o registro de que o Banco Mundial, a partir de 1999, de forma mais intensa, passou a excluir temporária ou indefinidamente de seus projetos de financiamento as companhias com fortes indícios de envolvimento em fraude ou corrupção, sendo que a partir de 2003 outros bancos de desenvolvimento internacionais, como o Banco Interamericano de Desenvolvimento, adotaram medidas similares. Mesmo assim, a rede varejista Walmart, por exemplo, admitiu que, para aumentar fatia no mercado, sua subsidiária no México pagou propinas no total de 247 milhões de dólares de 2002 a 2008. Da mesma forma, a empresa Rolls-Royce, do setor de engenharia, em 2011 admitiu que pode ter pagado propinas na China; a Shell (empresa anglo-holandesa), conhecida por promover programas antipropinas no início dos anos 2000, revelou que uma de suas empresas contratadas, a Panalpina, do setor de logística, pagou subornos para facilitar importações na Nigéria.[127]

Nessa mesma linha de constatação, a organização *Global Financial Integrity – GFI*, de Washington, tem denunciado como a manipulação de preços de importação e de exportação por companhias de comércio utilizam a prática conhecida como *mispricing* (precificação indevida) para manipular preços reais de exportação, maquiando os preços registrados; as diferenças decorrentes daí são enviadas para paraísos fiscais (Ilhas Cayman e Curaçao), a partir de onde são gradualmente filtradas

---

[126] McCARTHY, Leonard e VLASSIS, Dimitri. *É agora ou nunca – a crise global não deve servir de desculpa para postergar a adoção de medidas de combate à corrupção. CEO/Exame*. Um Mundo mais Ético, edição 17, Abril de 2014. São Paulo: Editora Abril, 2014, p. 43. Alertam os autores, ainda, que "as penalidades por condutas incorretas devem ser proporcionais não só à severidade do crime mas também aos lucros dos que o perpetram. Um gigante corporativo tem poucos incentivos para mudar suas práticas se as multas impostas equivalem, por exemplo, a menos que os lucros auferidos em uma semana". (p. 44). Ver também o trabalho de LAZZARINI, Sergio. *Capitalismo de laços:* os donos do Brasil e suas conexões. São Paulo: Elsevier, 2011.

[127] Conforme excelente texto de COCKCROFT, Laurence. Venceremos esta guerra? *CEO/Exame. Um Mundo Mais Ético, op. cit.,* p. 63.

de volta ao domicílio de origem. Estima-se que os fluxos deste capital ilícito podem chegar a 1 (um) trilhão de dólares ao ano. A GFI calcula que as transferências do Brasil para paraísos fiscais tenham somado 156 (cento e cinquenta e seis) milhões de dólares de 2002 a 2011.[128]

Por conta dessas situações todas é que a comunidade europeia editou, no ano de 2013, a Resolução do Parlamento Europeu de 08 de outubro de 2013 (2013/2074 [INI]),[129] versando sobre a corrupção e a falta de ética no âmbito da contratação nos setores públicos e privados, assim como seus impactos sociais e institucionais, insistindo, a partir destes cenários, com a ideia de *titularidade democrática*, aqui entendida como radicalizar a plena e efetiva participação dos cidadãos no âmbito da atuação e do monitoramento das estratégias e políticas de gestão pública, gerando assim maior assunção de responsabilidades – sociais e institucionais – no fomento a ética pública e no combate à corrupção. Por isso tais diretrizes da EU constituem verdadeiros princípios de condicionalidade ao acesso a programas de ajuda para o desenvolvimento de Estados-Partes da comunidade, formatando cláusulas anticorrupção nas suas obrigações assumidas. Diz expressamente o documento analisado que: *"controllare i risultati dei progetti di concerto con la società civile e chiedere conto alle autorità locali del loro operato è essenziale per stabilire se i fondi dell'UE siano utilizzati in modo appropriato"*.[130]

No caso brasileiro, o país acabou por se preocupar em organizar minimamente sua legislação anticorruptiva por conta dos diversos compromissos assumidos em Tratados e Pactos Internacionais, dentre os quais a Convenção sobre Combate à Corrupção de Funcionários Públicos Estrangeiros em Transações Comerciais Internacionais, da Organização para a Cooperação e Desenvolvimento Econômico – OCDE (conforme Decreto do governo brasileiro nº 3.678, de 30/11/2000); os compromissos assumidos junto à Convenção das Nações Unidas contra a Corrupção (conforme Decreto nº 5.687, de 31/01/2006) e mesmo da Convenção Interamericana contra a Corrupção (conforme Decreto nº 4.411, de 07/10/2002).

---

[128] Conforme dados da Global Financial Integrity. Disponível em: http://www.gfintegrity.org/. Acesso em: 04 jun. 2021.

[129] Risoluzione del Parlamento europeo dell'8 ottobre 2013 sulla corruzione nei settori pubblico e privato: l'impatto sui diritti umani nei paesi terzi (2013/2074(INI). Disponível em: http://www.europarl.europa.eu/oeil/popups/ficheprocedure.do?lang=fr&reference=2013/2074(INI). Acesso em: 02 jul. 2021.

[130] In: Risoluzione del Parlamento europeo dell'8 ottobre 2013, *op.cit.*, p. 24.

Agora já temos condições de responder aos problemas levantados para esta reflexão a partir das hipóteses demarcadas, sustentando que a previsão de responsabilidade objetiva na Lei Anticorrupção não viola o instituto da responsabilidade civil e administrativa hoje vigentes, e tampouco tem o pretexto de agilizar a punição de eventuais culpados e abreviar a instrução probatória do consectário processo punitivo, na medida em que respeita integralmente as garantias do Estado de Direito.

3.5 Notas conclusivas

Fora bem lembrado pela PGR, em sua resposta à inicial da ADI5261, que:

> A corrupção degrada serviços públicos essenciais, priva cidadãos de acesso a eles (com consequências que chegam à morte de um sem número de pessoas que não obtêm serviços de saúde, por exemplo), debilita a confiança nas instituições democráticas, gera formidáveis prejuízos ao Estado, interfere de maneira espúria na livre concorrência, agrava desigualdades, afeta a atividade econômica e chega a deturpar a manifestação soberana do povo, por ocasião das eleições, ao interferir no processo eleitoral.

Tais ponderações do Ministério Público vão ao encontro do que sustentamos até agora, e efetivamente estão no centro neural de justificação da importância da responsabilização objetiva administrativa e civil de pessoas jurídicas que a norma institucionaliza, e não há que se preocupar juridicamente em relação à concretização dessas eventuais situações por caracterizarem tipos normativos abertos demasiadamente, isso porque a Lei demarca tais possibilidades ao exigir como requisito indispensável da imputação que "os atos lesivos praticados pela pessoa jurídica tenham sido feitos em seu interesse ou benefício, exclusivo ou não" (art. 2º), não excluindo isso a responsabilização individual de seus dirigentes ou administradores, ou de qualquer pessoa natural, autora, coautora ou partícipe do ato ilícito – art. 3º.

O que se poderia perquirir é no que consistem o *interesse* e o *benefício* acima referidos para fins de configuração da responsabilidade sob comento? Interesses e benefícios aqui são sinônimos? Quais interesses e benefícios são capazes de autorizar o reconhecimento da imputação objetiva às corporações? Somente interesses e benefícios materiais e econômicos, mensuráveis financeiramente?

Os conceitos de interesse e benefício se aproximam muito em termos gramaticais, todavia, no contexto da norma em debate o *interesse* pode estar associado à ideia de utilidade e vantagem mais genérica, enquanto que o *benefício* induz a proveito mais pontual e específico, pretendendo exatamente o legislador estender ao máximo as possibilidades comportamentais que possam figurar como potencialmente corruptivas. O que importa não é, pois, se houve o atendimento efetivo de interesse, ou se o benefício se consumou em favor da pessoa jurídica para fins de caracterizar a responsabilidade, bastando tão somente que reste configurado o *nexo causal entre os atos ilícitos e os escopos da pessoa jurídica* – gerais ou específicos, pois, se o legislador desejasse condicionar tais hipóteses de incidência ao resultado finalístico efetivo, tê-lo-ia feito de modo expresso e objetivo, haja vista os bens jurídicos tutelados na espécie.

Já os dirigentes ou administradores somente serão responsabilizados por atos ilícitos na medida da sua culpabilidade – §2º, art. 3º, mantendo-se, pois, no caso, a lógica da responsabilidade subjetiva. E qual o nível de culpabilidade exigido para autorizar a imputação/responsabilidade? Valerá aqui a lógica desastrosa que tem sido adotada pelo Superior Tribunal de Justiça brasileiro, de exigir dolo no agir ímprobo do administrador?

> O ato ilegal só adquire os contornos de improbidade quando a conduta antijurídica fere os princípios constitucionais da Administração Pública coadjuvada pela má-intenção do administrador, caracterizando a conduta dolosa; a aplicação das severas sanções previstas na Lei 8.429/92 é aceitável, e mesmo recomendável, para a punição do administrador desonesto (conduta dolosa) e não daquele que apenas foi inábil (conduta culposa).[131]

Aliás, parte da doutrina embarca na mesma confusão, sustentando, em sede de improbidade administrativa, que "só poderão ser responsabilizados os dirigentes e administradores de pessoas jurídicas que agirem orientados pelo dolo específico de lesionar a probidade da Administração Pública, não alcançando os inábeis e imperitos".[132]

---

[131] STJ. REsp 1186192/MT, 1ª Turma. Rel. Ministro Napoleão Nunes Maia Filho. Julg. 12.11.2013. DJe, 02 dez. 2013.

[132] MOREIRA NETO, Diogo de Figueiredo; FREITAS, Rafael Véras. *A juridicidade da Lei Anticorrupção* – reflexões e interpretações prospectivas. Disponível em: http://www.fsl.

Não é possível sustentar esta posição à Lei Anticorrupção,[133] a uma, porque a lei não demanda a existência de dolo ou diferencia culpa leve, mediana ou grave; a duas, porque se pretende alcançar todo e qualquer ato que atente contra o patrimônio e o interesse públicos.

Com essas precauções, não há que se falar em exageros da Lei no tratamento da pessoa jurídica e de sua responsabilidade, e mesmo de aceleração de atribuição desta; ao contrário, criaram-se condições factíveis de apuração de comportamentos ilícitos e adequados tratamentos para cada conduta lesiva aos interesses que a norma pretende proteger.

Para além disso, mesmo reconhecendo a possibilidade de responsabilidade objetiva da empresa pelo cometimento de ilícito alcançado pela novel legislação, houve a preocupação em demarcar de forma mais objetiva os critérios de aplicação das sanções através do devido processo legal administrativo e, conforme o art. 7º, observando os seguintes parâmetros:

> I – a gravidade da infração; II – a vantagem auferida ou pretendida pelo infrator; III – a consumação ou não da infração; IV – o grau de lesão ou perigo de lesão; V – o efeito negativo produzido pela infração; VI – a situação econômica do infrator; VII – a cooperação da pessoa jurídica para a apuração das infrações; VIII – a existência de mecanismos e procedimentos internos de integridade, auditoria e incentivo *à* denúncia de irregularidades e a aplicação efetiva de códigos de *ética* e de conduta no *âmbito* da pessoa jurídica – a serem explicitados pelo governo federal; IX – o valor dos contratos mantidos pela pessoa jurídica com o *órgão* ou entidade pública lesados.

Como as decisões administrativas igualmente devem ser fundamentadas, deverá o Poder Público fazê-lo de forma exaustiva, observando estes incisos do art. 7º, e outros – desde que pertinentes à espécie –, vez que a lista da norma não está posta em *numerus clausus*.[134]

---

adv.br/sites/www.fsl.adv.br/files/ajuridicidadedaleianticorrupcao-inclusaoem-20.02.14. pdf. Acesso em: 18 jul. 2020.

[133] Ao menos enquanto assim estiver redigida, haja vista que a Lei de Improbidade Administrativa acaba de ser transfigurada no território brasileiro, por conta da edição da Lei Federal nº 14.230, de 25/10/2021, enfraquecendo o controle da probidade da gestão pública.

[134] Dizem os parágrafos do art. 6º que as sanções serão aplicadas fundamentalmente, isolada ou cumulativamente, de acordo com as peculiaridades do caso concreto e com a gravidade e natureza das infrações, e que as suas aplicações não excluem, em qualquer hipótese, a obrigação da reparação integral do dano causado.

Também se revela importante o disposto no art. 14, da Lei, no sentido de que "a personalidade jurídica poderá ser desconsiderada sempre que utilizada com abuso do direito para facilitar, encobrir ou dissimular a prática dos atos ilícitos previstos na norma", ou para provocar confusão patrimonial, sendo estendidos todos os efeitos das sanções aplicadas à pessoa jurídica aos seus administradores e sócios com poderes de administração, observados o contraditório e a ampla defesa.

Essa é uma providência exemplar para que se proceda a responsabilização efetiva nestes casos de corrupção, haja vista principalmente os expedientes de *laranjas* nas empresas para responder pelos delitos que cometem, e mesmo os níveis de economia informal que o país tem.

Não bastassem as medidas administrativas, o art. 15 da Lei ainda determina que a comissão designada para apuração da responsabilidade de pessoa jurídica, após a conclusão do procedimento administrativo, dará conhecimento ao Ministério Público de sua existência, para apuração de eventuais delitos. E o fez bem em face de muitas destas apurações administrativas descobrirem comportamentos ilícitos de natureza penal.

Não há dúvidas, pois, diante do todo ponderado, da necessidade de ampliarmos os níveis e tipologias de responsabilidades da pessoa jurídica quando forem protagonistas de cenários corruptivos, resgatando-se, no particular, aquele modelo de análise da conduta (individual e institucional) geradora de danos a terceiros que leve em conta *standards*/parâmetros específicos em face das particularidades dos sujeitos envolvidos e dos contextos criados.[135]

Tenhamos em mente que, com tentáculos imensos, as redes corruptivas têm perpetuado e agravado situações de comportamento antiético, iniquidade, injustas e discriminatórias no que diz respeito à fruição isonômica de Direitos Humanos e Fundamentais, sejam de natureza civil, política, econômica, social ou cultural, atingindo até interesses difusos, como a contaminação do equilíbrio ambiental (rural e urbano), envolvendo principalmente os grupos sociais mais frágeis e marginalizados, privando-os da paridade de acesso à vida política, aos serviços públicos, aos serviços da justiça, segurança, trabalho, educação, saúde e habitação.[136]

---

[135] Estamos nos reportando às reflexões de MULHOLLAND, Caitlin Sampaio. *A responsabilidade civil por presunção de causalidade, op. cit.*
[136] Ver o excelente trabalho de OKIN, Susan Moller. *Diritto delle donne e multiculturalismo.* Roma: Cortina Raffaello, 2007.

Não é só isso! Determinados tipos de atos, fatos e negócios administrativos evidenciam de forma abrupta os níveis altamente sofisticados de redes corruptivas, como é o exemplo a lavagem de dinheiro e os desvios de verbas públicas, como recentemente demonstrou o escândalo conhecido como Operação Lava Jato no Brasil, contando com a instrumentalização de contratos administrativos fictícios, em nome de laranjas, e outros, evidenciando organização tentacular que transcende os limites do Estado brasileiro e suas políticas de segurança, fragilizando-os agudamente, pois inexistem ações cooperativas eficientes e suficientes para dar cabo de tal complexidade, inteligência e cadeia orquestrada de comando.

Em face de tais aspectos é que se diz que a corrupção e a ausência de ética pública distorcem as dimensões e composições das *despesas públicas*, provocando danos graves na capacidade do Estado de gestar racional e eficazmente, sob a perspectiva social, os recursos disponíveis para os fins da plena realização dos direitos econômicos, sociais e culturais, isso porque os atos corruptivos desviam imensas quantidades de financiamentos dos investimentos públicos, obstaculizando de certa maneira a retomada de desenvolvimento social equacionado com o crescimento econômico de países em dificuldades históricas.

Por certo que tal perspectiva opera com a lógica de que não há linha divisória absoluta entre culpa/responsabilidade subjetiva e culpa/responsabilidade objetiva, eis que a responsabilidade é sempre uma, variando somente o grau de modelagem e intensidade dela.[137] Ou seja, os aspectos particulares da culpa e da responsabilidade em face da atividade desenvolvida cotejada com as disposições normativas reguladoras da espécie (as quais criam, em regra, imputações de reprovações de condutas) precisam sempre ser avaliados em face de cada caso. A despeito disso, a Lei Anticorrupção estabelece dois tipos distintos de responsabilização pela prática de atos contra a Administração Pública, como já referimos: a objetiva, aplicada à pessoa jurídica, e a subjetiva, imputada à pessoa física, desde que restem configuradas a materialidade, autoria e culpabilidade destes agentes em face do ilícito perpetrado.

Ou seja, no caso desta Lei, o legislador explicitamente optou que a empresa assuma sua função de garante da licitude e regularidade dos atos que leva ao cabo no mundo dos fatos, não importando

---

[137] Ver o texto de JANSEN, Nils. *Estructura de un derecho europeo de daños:* desarollo histórico y dogmático. Disponível em: www.indret.com. Acesso em: 23 fev. 2015.

por quem e por quais razões; até mesmo quando lícitas, suas atividades podem provocar danos ao ordenamento jurídico, e se isso ocorrer, deverão responder principalmente em situações que envolvam cenários de corrupção. E por quê? Como diz Jacobo Dopico Gómez-Aller, porque *"es el empresario quien construye, quien fabrica, quien organiza el transporte de pasajeros o mercancías, quien comercializa, etc., y quien obtiene lucro empresarial por ello. Esa libertad de organización empresarial trae como necesario correlato el deber de velar por que la actividad de la empresa no dane bienes jurídicos ajenos"*.[138]

Lembremos, por outro lado, que há muitas empresas privadas que se preocupam em somente constituir formalmente sistemas de prevenção a atos corruptivos (*compliance*) em seus quadros, mas não têm a mesma cautela em dar máxima efetividade a eles, o que pode figurar como agravante de condutas meramente aparentes de gestão responsável sob este ponto de vista, podendo até caracterizar obstrução da justiça em determinadas situações. Esta nova tendência de se desenvolver programas de responsabilidade corporativa (públicos e privados), aliás, não reduz em nada a necessidade de fortificação e manutenção dos poderes estatais de combate de comportamentos antiéticos, em especial nas contratações administrativas, mas apenas comparte responsabilidades nesse sentido.

3.6 Referências

ADEYEYE, Adefolake. *Corporate social responsibility of multinational corporations in developing countries:* perspectives on anti-corruption. Cambridge: Cambridge University Press, 2019.

ALONSO, Paulo Sérgio Gomes. *Pressupostos da responsabilidade civil objetiva.* São Paulo: Saraiva, 2000.

BARCELLONA, V. Pietro. *Diritto privato e processo economico.* Napoli: Jovene, 2020.

BATEMAN, T. *Thinking about corporate social responsibility.* In: *The Integra Venture.* Disponível em: http://iintegra.infotech.sk/downloads/83_CSR-Thinking%20.pdf. Acesso em: 02 mar. 2021.

BERLE, A.; MEANS, G. *Modern corporation and private property.* New York: Macmillan, 2000.

BITTAR, Carlos Alberto. *Responsabilidade civil nas atividades perigosas.* São Paulo: RT, 1984.

---

[138] GÓMEZ-ALLER, Jacobo Dopico. Posición de garante del compliance officer por infracción del deber de control: una aproximación tópica. In: PUIG, Santiago Mir e outros (org.). *Responsabilidad de la empresa y compliance* – programa de prevención, detección y reacción penal. Buenos Aires: IBdef, 2014, p. 340.

CALABRESI, Guido; MELAMED, A. Douglas. Property rules, liability rules, and inalienability: one view of the cathedral. In: *Harvard Law Review*, nº 85, 1089, 1102-05 (1972).

CAVALIERI FILHO, Sérgio. *Programa de responsabilidade civil*. São Paulo: Atlas, 2010.

CHAPPUIS, Christine (ed.); WINIGER, Bénédict (ed.). Responsabilité civile – responsabilité pénale. *Journée de la responsabilité civile 2014*. Genève: Schulthess, 2015.

COCKCROFT, Laurence. Venceremos esta guerra? In: *CEO/Exame*. Um mundo mais ético. Edição 17, Abril de 2014. São Paulo: Editora Abril, 2014.

COMISSÃO EUROPEIA. *Libro verde Promuovere um quadro europeo per la responsabilità sociale dele imprese*, Bruxelles, [COM (2001) 366], 2002.

EPSTEIN, Richard. A. theory of strict liability. In: *HeinOnline*. 2 J. Legal Studies, 151. 1973.

FACCHINI NETO, Eugênio. Da responsabilidade civil no novo Código. In: SARLET, Ingo Wolfgang (org). *O novo Código Civil e a Constituição*. Porto Alegre: Livraria do Advogado, 2003.

FREEMAN, E.R. *Strategic management:* a stakeholder approach. Pitman: Boston, 2019.

GÓMEZ-ALLER, Jacobo Dopico. Posición de garante del compliance officer por infracción del deber de control: una aproximación tópica. In: PUIG, Santiago Mir e outros (org.). *Responsabilidad de la empresa y compliance* – programa de prevención, detección y reacción penal. Buenos Aires: IBdef, 2014, p.340.

HEVIA, Martín. *Derecho privado y filosofía política:* fundamentos filosóficos de la responsabilidad civil. México: Fontamara, 2019.

HIRONAKA, Giselda Maria Fernandes Novaes. Responsabilidade civil e contemporaneidade: retrato e moldura. In: CANEZIN, Claudete Carvalho (coord.). *Arte jurídica:* biblioteca científica de direito civil e processo civil. V.2. Curitiba: Juruá, 2007.

HIRONAKA, Giselda Maria Fernandes Novaes. *Responsabilidade pressuposta*. Belo Horizonte: Del Rey, 2005.

http://ethisphere.com/. Acesso em: 02 mar. 2021.

http://portal.stf.jus.br/processos/detalhe.asp?incidente=4730342. Acesso em: 12 jul. 2021.

http://www.europarl.europa.eu/oeil/popups/ficheprocedure.do?lang=fr&reference=201 3/2074(INI). Acesso em: 02 jul. 2021.

http://www.gfintegrity.org/. Acesso em: 04 jun. 2021.

JANSEN, Nils. *Estructura de un derecho europeo de daños:* desarrollo histórico y dogmático. Disponível em: www.indret.com. Acesso em: 23 fev. 2021.

JOSSERAND, Louis. Evolução da responsabilidade civil. Trad. Raul Lima. *Revista Forense*, Rio de Janeiro, ano 38, v. 86, p. 548-559, abr.1941.

LAFUENTE, Virginia Múrtula. *La responsabilidad civil por los daños causados por un membro indeterminado*. Madrid: Dykinson, 2019, p.69.

LAZZARINI, Sergio. *Capitalismo de laços:* os donos do Brasil e suas conexões. São Paulo: Elsevier, 2011.

LEAL, Rogério Gesta. *Impactos econômicos e sociais das decisões judiciais.* Brasília: Enfam, 2010.

McCARTHY, Leonard; VLASSIS, Dimitri. *É* agora ou nunca – a crise global não deve servir de desculpa para postergar a adoção de medidas de combate *à* corrupção. *CEO/ Exame.* Um mundo mais ético. Edição 17, Abril de 2014. São Paulo: Editora Abril, 2014.

MORAES, Maria Amália Dias de. Do abuso de direito. Alguns aspectos. *Revista Estudos Jurídicos,* nº 43, ano XVIII, Porto Alegre, 1985.

MORAES, Maria Celina Bodin de. A constitucionalização do direito civil e seus efeitos sobre a responsabilidade civil. *Direito, Estado e Sociedade,* v. 9, n. 9 (jul./dez. 2006).

MORAES, Maria Celina Bodin de. Problemas em torno da cláusula geral de responsabilidade objetiva. In: *Estudos em Homenagem ao Professor Celso Mello.* Rio de Janeiro: Renovar, 2006.

MOREIRA NETO, Diogo de Figueiredo; FREITAS, Rafael Véras. *A juridicidade da Lei Anticorrupção:* reflexões e interpretações prospectivas. Disponível em: http://www.fsl. adv.br/sites/www.fsl.adv.br/files/ajuridicidadedaleianticorrupcao-inclusaoem-20.02.14. pdf. Acesso em: 18 jul. 2021.

MULHOLLAND, Caitlin Sampaio. *A responsabilidade civil por presunção de causalidade.* Rio de Janeiro: GZ Editora, 2010.

NETO, Martinho Garcez. *Responsabilidade civil no direito comparado.* Rio de Janeiro: Renovar, 2017.

NETTO, Felipe P. Braga. Uma nova hipótese de responsabilidade objetiva na ordem jurídica brasileira? O Estado como vítima de atos lesivos. In: SOUZA, Jorge Munhós de; QUEIROZ, Ronaldo Pinheiro de (orgs.). *Lei Anticorrupção.* Salvador: JusPodivm, 2015.

NORONHA, Fernando. *Direito das obrigações.* São Paulo: Saraiva, 2003.

OBIDAIRO, Simeon. *Transnational corruption and corporations*: regulating bribery through corporate liability. London: Ashgate, 2020.

OKIN, Susan Moller. *Diritto delle donne e multiculturalismo.* Roma: Cortina Raffaello, 2007.

PEREIRA, Caio Mário da Silva. *Responsabilidade civil.* Rio de Janeiro: Forense, 2002.

PETRELLUZZI, Marco Vinício; RIZEK JUNIOR, Rubens Naman. *Lei Anticorrupção:* origens, comentários e análise da legislação correlata. São Paulo: Saraiva, 2014.

POMAR, Fernando Gómez. Carga de la prueba y responsabilidad objetiva. *Dret,* n. 1, 2001. Disponível em: http://www.indret.com. Acesso em: 10 ago. 2021.

PONTES DE MIRANDA. *Tratado de direito privado.* T. LIII, §5.500. Rio de Janeiro: Borsoi, 2003.

RIZZIATO, E.; NEMMO, E. Un quadro internazionale, europeo ed italiano sulla responsabilità sociale dele organizzazioni con focus sull'etica dello sviluppo organizzativo. *Rapporto Tecnico Cnr-Ceris,* n. 40 del Febbraio 2012.

SALVI-M.VILLONE, Carlo. *Il costo della democrazia*. Milano: Mondadori, 2020.

SCHREIBER, Anderson. *Novos paradigmas da responsabilidade civil*: da erosão dos filtros da reparação *à* diluição de danos. São Paulo: Atlas, 2011.

SCHREIBER, Anderson. *Novas tendências da responsabilidade civil brasileira. Revista Trimestral de Direito Civil*, ano 6, vol. 22, p. 45-69, abr./jun. 2005.

SERRA VIEIRA, Patrícia Ribeiro. *A responsabilidade civil objetiva do direito de danos*. Rio de Janeiro: Forense, 2014.

SILVA, Regina Beatriz Tavares. *Novo Código Civil comentado*. Organizado por Ricardo Fiuza. Comentários ao art. 927. São Paulo: Saraiva, 2002.

SILVA, Wilson Melo da. *Responsabilidade sem culpa*. São Paulo: Saraiva, 1974.

STJ. REsp 1186192/MT, 1ª Turma. Rel. Ministro Napoleão Nunes Maia Filho. Julg. 12.11.2013. DJe, 02 dez. 2013.

STOCO, Rui. *Tratado de responsabilidade civil*. São Paulo: Revista dos Tribunais, 2019.

TAAMASAUSKAS, Igor Sant'Anna; BOTTINI, Pierpaolo Cruz. A interpretação constitucional possível da responsabilidade objetiva na Lei Anticorrupção. *Revistas dos Tribunais*, v. 947, ano 103. São Paulo: RT, 2014.

TEPEDINO, Gustavo. A evolução da responsabilidade civil no direito brasileiro e suas controvérsias na atividade estatal. In: *Temas de Direito Civil*. Rio de Janeiro: Renovar, 2014.

VENOSA, Silvo de Salvo. *Direito civil*: responsabilidade civil. São Paulo: Atlas, 2002.

CAPÍTULO 4

O PROBLEMA DO CADASTRO NACIONAL DE EMPRESAS PUNIDAS DO ART. 22 DA LEI ANTICORRUPÇÃO BRASILEIRA E OS ABALOS À PERSONALIDADE JURÍDICA DA EMPRESA

4.1 Notas introdutórias

Pretendemos tratar, neste tópico, sobre em que medida é possível e necessário equalizar os direitos da personalidade jurídica das empresas que negociam com o Poder Público, e o direito deste em veicular informações potencialmente detrimentosas a respeito daquelas corporações em cadastros públicos de acesso universal e gratuito, em face das determinações da Lei Anticorrupção brasileira.

Em face desse problema, a hipótese que queremos sustentar é no sentido de dar relevo ao direito fundamental à imagem e reputação da pessoa jurídica em face do reconhecimento do estado constitucional de inocência que a ela se reconhece nomeadamente em processos administrativos que apuram violações da Lei Anticorrupção.

Para tanto, elegemos desenvolver o debate a partir dos seguintes objetivos específicos: (i) verificar as condições e possibilidades de reconhecimento às pessoas jurídicas do direito fundamental à tutela de seu nome, imagem e reputação; (ii) identificar em que medida o cadastro nacional de empresas punidas administrativamente, estabelecido pela LA pode, eventualmente, violar aqueles bens jurídicos referidos; (iii) propor medidas equalizadoras dos interesses da Administração Pública sobre esses temas previstos na LA com os direitos reconhecidos às pessoas jurídicas no particular.

4.2 Direito fundamental da pessoa jurídica à tutela de seu nome, imagem e reputação: aspectos gerais

O tema da tutela da imagem e do bom nome comercial da pessoa jurídica – nomeadamente empresas que atuam no mercado – tem ganhado cada vez mais importância nos dias atuais, tanto em face da hiperexposição que as relações privadas, públicas e de mercados ganharam com as redes sociais e comunicação no mundo virtual, acelerando à máxima potência a informação e suas consequências múltiplas, como diante dos resultados que isso opera (para o bem e para o mal) na vida íntima/privada/reservada, comercial e industrial de todos.

Sob o ponto de vista histórico, lembremo-nos dos debates propostos por Savigny e sua teoria da ficção, que concebe a pessoa jurídica como simples criação jurídica; e aquela formulada por Gierke (teoria orgânica ou concepção antropomórfica), para a qual a pessoa jurídica é um organismo natural, como o homem, com vontade e interesses próprios, mas diferentes dos das pessoas físicas de seus membros, razão pela qual a Lei não lhes confere propriamente personalidade, mas antes é reconhecida; e a teoria de Ferrara, para quem a pessoa jurídica é apenas a tradução normativa de um fenômeno empírico.[139]

Convergimos com a tese de que a pessoa jurídica é, antes de tudo, categoria linguística de natureza normativa, portanto, nela não se encontrando nenhum ser misterioso; nem se apresenta como mediação que a lei interpõe entre os integrantes de um grupo e terceiro, que só excepcionalmente consente em ser eliminado; tampouco configura entidade que ocupa o mesmo lugar que o homem; mas é considerada como instrumento da linguagem jurídica, também insubstituível em sua função semântica, útil para reunir cenários complexos de presentação e representação em termos de atos, fatos e negócios jurídicos.[140] E por conta disso:

---

[139] Ver o texto de RONCERO, Francisco Capilla. *La persona jurídica:* funciones y disfunciones. Madrid: Tecnos, 2018.

[140] GALGANO, Francesco. Struttura logica e contenuto normativo del concetto di persona giuridica. *Rivista di Diritto Civile*, v. 43, 1965, p. 565 e seguintes. Diz o autor que: "*La 'realtà' normativa della persona giuridica si risolve essenzialmente in una figura unitaria di produzione e d'imputazione di effetti giuridici, il che significa che l'ordinamento consente la creazione d'un'autonoma organizzazione quale presupposto dell'imputazione di situazioni soggettive strumentali al compiersi d'una determinata attività. (E questo spiega, ad esempio, perché abbia senso porre il problema della responsabilità penale della persona giuridica indipendentemente da quella degli agenti)*".

las personas jurídicas son siempre una creación del respectivo ordenamiento jurídico. Pero la decisión del ordenamiento jurídico no es arbitraria, sino que el reconocimiento lo ha realizado sobre entes que tienen un substrato humano, el cual justifica la extensión de la personalidad jurídica a sujetos que por sí mismos no la tendrían. Y es que, no se olvide, la existencia de las personas jurídicas como sujetos de derechos viene justificada por la necesidad que han tenido siempre los grupos humanos de conseguir ciertos fines sociales que superan las posibilidades de acción de los individuos aislados.[141]

Assim, a extensão da disciplina sobre o tratamento de dados atinentes à personalidade de sujeitos metaindividuais reclama ordem múltipla de problemas, a saber: (i) a escolha pelo legislador não elimina completamente a possibilidade de se reconhecer que pessoas jurídicas tenham direito à privacidade[142] e mesmo à tutela de seu patrimônio moral, ético, e de imagem social e de mercado; (ii) sob o ponto de vista político, pode-se interrogar se há efetivamente justificação razoável ao reconhecimento do direito à privacidade por parte de corporações, em respeito as quais subsistem concorrentes interesses de transparência nas suas atuações no mercado, nomeadamente em face da função social que possuem hodiernamente (como visto nos tópicos anteriores).[143]

As opções interpretativas neste campo são muito diversas, tanto que a ausência de distinção entre entes lucrativos e não lucrativos coloca o problema de fazer emergir as diferentes finalidades e interesses, econômicos ou não, realizados por empresas, e isso tem resultado em distintos modos de tratamento dos seus dados e de sua *privacy*.[144]

No sistema norte-americano, o *Restatement Second of Torts*, §651, I, *comment c* (1981), dispõe que os entes coletivos não podem contar com

---

[141] ARA PINILLA, Ignacio. *Teoría del derecho*. Madrid: Taller ediciones JB, 2016, p. 361. Afirma o autor ainda que: *"De ahí que con acierto se haya destacado que la persona jurídica no es una realidad física, tangible, ni una realidad sociológica, sino una realidad conceptual que se corresponde, porque así lo quiere el derecho, con la presencia de una serie de componentes materiales (la agrupación de individuos o de bienes que los individuos aportan) y inmateriales (el fin unitario que la justifica) que integran un sustrato al que el derecho atribuye la condición de sujeto de derecho"*.

[142] E associado a isso o direito de serem deixadas sós, o que se conecta ao tema da reserva da intimidade. No ponto, mesmo que em caráter geral, ver o texto de RODOTÀ, Stefano. Persona, riservatezza, identità. Prime note sistematiche sulla protezione dei dati personali. *Rivista Critica di Diritto Privato*, 1997, p. 583 e seguintes.

[143] Ver o texto de ANCEL, Pascal. La protection des données personnelles. Aspects de droit privé français. *Revue Internationale de Droit Comparé*, v. 39, 1987, p. 609.

[144] Ver o estudo de GUIDO, Alpa (edit.). *Tutela dei dati e tutela della persona*. Roma: Giuffrè, 2019.

o direito a *privacy*.[145] A despeito disso, o mercado tem tratado desses temas com atenção, pois, como nos diz prestigiado site de negócios:

> *Corporate image was once advertising jargon but is today a common phrase referring to a company's reputation. The "image" is what the public is supposed to see when the corporation is mentioned. The ordinary man and woman on the street usually have a wry view of public relations, advertising, hype, hoopla, and therefore also of corporate image—and this often for good reasons. But a good corporate image is a genuine asset; it translates into dollars at the counter and higher stock valuation.*[146]

A imagem e reputação corporativas, assim, restam constituídas a partir da soma total das impressões deixadas nos diversos públicos da empresa. Em muitos casos, um ato breve e casual de funcionário pode elevar ou danificar a imagem corporativa aos olhos do mercado. Claro que diferentes públicos podem ter distintas percepções e mesmo formatar divergentes conceitos de empresas, dependendo dos interesses envolvidos.

Segmento preponderante da literatura especializada tem sustentado que os sujeitos coletivos são juridicamente capazes de possuir direitos de personalidade, sob o fundamento de que dizem respeito a entidades reconhecidas pelo sistema jurídico como portadores de obrigações e prerrogativas, havendo ontológica uniformidade de situações subjetivas neste campo, por certo que guardadas as particularidades de cada qual.[147] E vai nessa direção a lição de Morato Leite:

> O fato de a nova entidade social haver sido criada por via da ordem jurídica não *é óbice* a constatação de que ele efetivamente *é* realidade atuante no *âmbito* da sociedade global. *É* essa nova realidade que o

---

[145] Como nos mostra ALLEN, Rethinking the rule against corporate privacy rights: some conceptual quandries for the common law. *John Marshall Law Review*, 20 (1987), p. 607.

[146] Site de negócios disponível em: https://www.inc.com/encyclopedia/corporate-image.html, Acesso em: 08 nov. 2021. Ainda lembra a matéria publicada que: "*Corporations trying to shape their image are analogous to individuals who will dress appropriately, cultivate courteous manners, and choose their words carefully in order to come across competent, likeable, and reliable. In: the personal as in the corporate case, the image should match reality. When it does not, the consequence will be the opposite of the one intended*".

[147] Conforme FICI, Antonio e RESTA, Giorgio. La tutela dei dati degli enti collettivi: aspetti problamatici. PARDOLESI, Roberto. *Diritto alla riservatezza e circolazione dei dati personali*. Roma: Giuffrè, 2003, p. 375/426. Na mesma direção, ver o texto de PINO, Giorgio. *Sul diritto all'identità personale degli enti collettivi*. Disponível em: https://www.giorgiopino.net/uploads/1/3/1/5/131521883/identità_personale_enti_collettivi.pdf. Acesso em: 13 out. 2021.

O PROBLEMA DO CADASTRO NACIONAL DE EMPRESAS PUNIDAS DO ART. 22 DA LEI ANTICORRUPÇÃO BRASILEIRA E...

direito procura caracterizar, através do processo de sua equiparação as verdadeiras (pessoas físicas). A equiparação *é* um processo simples e efetivo de realizar a disciplina jurídica da nova entidade, assegurando-lhes meios jurídicos que vão dar-lhe a possibilidade de realizar aqueles interesses humanos, quer individuais, quer grupais, que são seu escopo.[148]

Por outro lado, no que tange especialmente às empresas, os cenários em que se envolvem são tão complexos em termos de constituição e significados, que chegam a gerar, mesmo no campo das ilicitudes que por vezes provocam, por paradoxal que seja, espetáculos à parte, filmografados em todo o globo, criando figuras heroicas; basta vermos os sucessos como: (i) *O lobo de Wall Street* (2013), de Martin Scorsese; (ii) *Prenda-me se for capaz* (2002),[149] de Steven Spielberg; (iii) *O assalto ao trem pagador* (1962), de Roberto Farias; o que retira, de certa maneira e intensidade, alguns impactos negativos e perversos de suas consequências.

Também isso evidencia, no plano simbólico, como a Sociedade tem dado pouca atenção, historicamente, a fenômenos delinquentes, nascentes e evoluídos com os próprios modelos de capitalismos que temos, nota característica de aspectos culturais que Enrico Morselli, grande expoente da psiquiatria italiana do final do século XIX, em estudo focado em crimes financeiros e bancários, alertava estarem presentes em delitos praticados por figuras exponenciais do mercado e da comunidade, gerando inclusive ausência de estigmatizações, seja pela indiferença do público em relação a eles, seja pelo frágil alarme que provocavam, já que não envolviam a tradicional violência característica dos ilícitos de comoção coletiva; tampouco os autores desses delitos se viam como delinquentes, considerando-se como vítimas do sistema.[150] No ponto, vale o registro que Davigo, magistrado italiano, quando inquiria jovem servidor público acusado de corrupção:

---

[148] MORATO LEITE, José Rubens. *Dano ambiental:* do individual ao coletivo, extrapatrimonial. São Paulo: Revista dos Tribunais, 2013, p. 288. Por conta disso, e na análise de KAISER, Pierre. Les droits de la personnalité. Aspects théoriques et pratiques. *Revues Trimestrielle de Droit Civil.* Ano 1971, t.79. Paris: Sirey, 1971, p. 491, as pessoas morais são investidas de *direitos análogos* aos direitos de personalidade.

[149] Estes dois filmes, propositadamente indicados, foram caricaturados com a figura do bom moço de Hollywood, Leonardo de Capri, fazendo com que os telespectadores torcessem por ele e por sua impunidade. Poderíamos ainda citar aqui a trilogia *O poderoso chefão* (1972), de Francis Ford Coppola, e diretores como Howard Hawks (*Scarface*, 1932), Brian De Palma (*Os intocáveis*, 1987), que com seus filmes transformaram a máfia em um gênero para o cinema mundial.

[150] MORSELLI, Enrico. *Gli scandali bancari*. In: Archivio de Psichiatria, Scienze Penali ed Antropologia Criminale. Vol. XV, 1-2, 1899. Ainda arremata o autor: *Una frase terribile: si*

Allora misi via il foglietto con gli appunti e l'unica domanda che formulai fu: "Ma come può un ragazzo di ventisette anni vendersi per 250.000 lire?". L'imputato per un po'rimase in silenzio e poi rispose: "Lei non può capire, perché appartiene a un mondo nel quale queste scelte sono individuali; essere onesto o disonesto dipende dalla. Io, dopo quindici giorni dal mio arrivo, ho capito che in quell'ufficio rubavano tutti! E ho anche capito che non avrebbero tollerato la presenza in mezzo a loro di un uomo onesto. Mi avrebbero cacciato perché sarei stato un pericolo per tutti gli altri. Le 250.000 lire me le ha messe in mano il mio capoufficio. Io ero in prova, e ho avuto paura di essere cacciato via se non le avessi prese. Non ho avuto il coraggio che ci vuole per essere onesto".[151]

Este universo ilícito é fortemente influenciado pelas mutações conjunturais da política, da economia e das relações institucionais, pois até em períodos de estagnações e recessões ele se reforça e se expande, aproveitando-se das debilidades de diversos setores públicos e privados para, através da corrupção dos seus sistemas regulatórios, extrair quaisquer vantagens.

Sob o ponto de vista dos *sujeitos ativos* dessas defraudações do sistema jurídico, podemos considerar algumas circunstâncias especiais, a saber: (i) geralmente os que cometem essas infrações, cônscios do caráter ilícito de suas ações, comportam-se como se estivessem realizando mera irregularidade formal em termos de negócios, fatos e atos jurídicos; (ii) eles também se valem dos déficits normativos do sistema, tanto materiais como processuais, haja vista que as regras do jogo tradicionalmente existentes não são as mais indicadas para o enfrentamento das complexas articulações que caracterizam certos campos violadores de normas; (iii) as condutas destes sujeitos ativos constituem fenômeno generalizado em muitos âmbitos profissionais, fomentadas por crenças de que inexistirão punições e causas de descrédito, institucionais ou pessoais, em face de seus comportamentos, nomeadamente no meio

---

dovrebbe vivere in un paese nel quale ci voglia coraggio a fare il delinquente, e non la persona perbene. Una frase che mi colpì molto: dopo quasi quarant'anni che faccio questo lavoro sono come le monache di clausura, non so se sono casto, dovrei provare ad andare in discoteca o in qualche altro luogo di tentazione. Uno che mi abbia offerto dei soldi o che abbia cominciato il discorso così non l'ho mai trovato. Quindi non so se sono onesto, perché mai un mio capoufficio mi ha offerto soldi.

[151] DAVIGO, Piercamillo. *Il sistema della corruzione*. Roma: Laterza, 2017, p. 33. Ver na mesma direção o texto de RODRÍGUEZ-ARANA, Jaime. *Sobre la corrupción: un análisis multidisciplinar*. In: Revista de Direito da UNISC, Santa Cruz do Sul, nº 41, p. 110-168, nov./dez. 2013.

em que atuam, por conta do compartilhamento – silencioso e explícito – de certa ideologia de grupo motivada por lucros facilitados.[152]

Há certa convergência entre os teóricos mais críticos que tratam dessas questões: *"capitalism is a flawed system that, if its development is not constrained, it will lead to periodic deep depression and the perpetuation of poverty"*.[153] E isso por razões absolutamente empíricas mais do que normativas; basta olharmos para as múltiplas crises globais que ele tem causado nos últimos anos. De certa forma, as chamadas crises financeiras que têm assolado países desenvolvidos e em desenvolvimento tem sido vistas como sistemáticas, nas quais essas ocorrências podem ser atribuídas como consequências do próprio capitalismo – notadamente em sua forma neoliberal –[154] sem controle ou com controles de funcionamento deficitários.

Governos e organizações ilícitos, não raro, criam formas de convivência de instáveis equilíbrios, na medida em que ajustam suas ações e estratégias de acordo com as políticas públicas que visam enfrentar – muitas vezes contando com a colaboração do próprio Estado. É que as administrações públicas também coordenam suas políticas em função das percepções que têm de prioridades conjunturais e eleitoreiras. No ponto, Bailey e Taylor sustentam que: *"When governments attempt to control or repress their activities, criminal groups employ various tools and instruments that might be grouped into three categories: evasion, corruption, and confrontation"*.[155]

A teoria Keynesiana chegou a sustentar que o papel central do Estado diante de um mercado e economia como estes seria o de reduzir os efeitos perversos que criavam, para os fins de proteger aqueles que não se viam incluídos no modelo, e mais que isso, eram marginalizados por ele, justificando assim a experiência do Estado do Bem-Estar Social, por exemplo, que supostamente protegeria o emprego, os meios

---

[152] Ver, neste sentido, o texto de GRAY, John. *False dawn:* the delusions of global capitalism. London: Granta, 2018.

[153] BELLAMY, Foster; MAGDOFF, Fernand J. *The great financial crisis:* causes and consequences. New York: Monthly Review Press, 2019, p. 34.

[154] Como diz Kotz: *"The neoliberal practice of capitalism aimed to work towards higher profits via risk taking, in terms of the housing bubble in the US; the financial institutions made mass amounts of money through risky mortgage selling and other such related transactions"*. KOTZ, Martin D. The financial and economic crisis of 2008: a systemic crisis of neoliberal capitalism. *Review of Radical Political Economics*, 41: 305. DOI: 10.1177/0486613409335093, p. 18.

[155] BAILEY, John e TAYLOR, Matthew M. *Evade, corrupt, or confront?* Organized Crime and the State in Brazil and Mexico. (p. 04) Disponível em: http://journals.sub.uni-hamburg.de/giga/jpla/article/view/38. Acesso em: 03 maio 2016.

de sustento digno das pessoas e, ao fim e ao cabo, a própria Sociedade das instabilidades provocadas pelo *laissez faire* do livre mercado.[156]

Também é interessante a reflexão de Gray, fazendo a distinção entre o que chama de bom e mau capitalismo, sendo que o primeiro é fundado em nações democráticas onde os custos sociais que as empresas respondem as habilitam enquanto verdadeiras instituições sociais sem comprometer a coesão da ordem política e econômica em que operam. Esses custos sociais são financiados pela via dos altos tributos que estas empresas pagam nestas sociedades.

Na perspectiva do mau capitalismo, há companhias que nascem no mercado livre, já no modelo neoliberal, com poucas obrigações sociais; consequentemente, pagam poucos tributos, e quase independem da sociedade em que se inserem, até em face de suas características especulativas e financeiras.[157] Por óbvio que as companhias que nascem comprometidas com as sociedades em que atuam têm lucros e rendimentos potencialmente muito menores em face daquelas que já nascem em mercados livres e não têm vínculos sociais orgânicos e compromissados, e isso tudo vai gerando culturas de mercado menos humanitárias em termos de desenvolvimento social, por vezes com índices agravados de delinquências corporativas.[158]

Isso pode facilmente ser visto no trabalho de Bequai, advogado e professor universitário em Washington, especializado em criminalidade econômica e tecnológica, quando lembra que a Sociedade norte-americana vem sendo vítima de crimes do colarinho branco há muito tempo, enfrentando agora um dos picos mais altos de sofisticação e fortalecimento de redes imensas – globais e locais – de delinquentes dominando mercados e bolhas imobiliárias, provocando fraudes na saúde e em tantos outros bens e serviços fundamentais à dignidade da pessoa humana.[159]

---

[156] Ver o texto de KEYNES, John Maynard. *The general theory of employment, interest, and money*. New York: Harcourt, Brace & World, 2016. Ver também HAYES, Mark. *The economics of keynes:* A new guide to the general theory. Northampton, MA, 2018.

[157] Na Nigéria a "*Niger Delta Oil have generated an estimated $600 billion for the Nigerian government and multinational oil companies since the 1960s; 75 per cent of the 31 million people living in the area don't have access to clean water, much of which is polluted by oil spills; Shell has been the major oil producer in the Niger Delta for the last 50 years*". Disponível em: http://www.amnesty.org/en/news-and-updates/news/oil-industry-has-brought-poverty-and-pollution-to-niger-delta-20090630 Acesso em: 12 out. 2020. Isso é exemplo de mau capitalismo que seguramente opera com altos níveis de corrupção e criminalidade.

[158] GRAY, John. *False dawn:* the delusions of global capitalism, *op. cit.*, p. 87.

[159] BEQUAI, August. *White-collar crime:* a 20th-century crisis. Washington: Reowman & Littlefield, 2018. O autor cita o caso de grande indústria química nos EUA que estava sendo processada

Por todas essas razões é que foi preciso criar mecanismos jurídicos e políticos de controle e responsabilização mais eficientes dos mercados e de seus protagonistas empresariais, justamente para tentar evitar a consolidação de situações trágicas de defraudação de normas civis, penais e administrativas, haja vista os efeitos perversos que provocam a toda a Comunidade.

Mas também é preciso, pelas mesmas razões, reconhecer que essas corporações possuem, pelo ordenamento jurídico a que se submetem, direitos próprios e fundamentais. E aqui temos de ter presente qual a extensão desses direitos e em que medida podem ser aplicados para estes sujeitos de direito, o que reclama verdadeira fusão de horizontes entre o direito público e o privado – como já referimos na discussão sobre a responsabilidade objetiva das empresas na Lei Anticorrupção –, nomeadamente quando falamos do lançamento de corporações em cadastro nacional de pessoas punidas administrativamente, pelos termos do art. 22 dessa norma.

Para tanto, podemos tranquilamente recordar que o chamado conteúdo essencial desses direitos fundamentais tem dupla dimensão. A primeira delas é a denominada *dimensão subjetiva*, ou de liberdade, composta pelo conjunto de poderes de ação que o direito reserva ao seu titular (pessoas naturais e jurídicas) e que requer a abstenção do poder público. Juntamente com este espaço de liberdade, os direitos fundamentais são reconhecidos em sua *dimensão objetiva* ou institucional, no sentido de não apenas conferirem poderes de ação aos seus titulares, mas que eles próprios têm significado especial para todo o sistema jurídico e para a convivência política. São valores objetivos que informam o sistema jurídico e que devem ser interpretados e aplicados de forma que não só não sejam impedidos de viger, mas também que sua plena eficácia seja promovida a todos os sujeitos de direito – inclusive, pois, às pessoas jurídicas.[160]

---

por falsificação de testes de laboratórios de pesticidas da sua produção mais vendida, justamente para esconder os componentes cancerígenos que possuía. Estes ambientes vão gerando o que o autor chama de crise do século XX, de natureza moral, legal, financeira, cultural.

[160] Ver o excelente texto de FERNÁNDEZ SEGADO, Francisco. La teoría jurídica de los derechos fundamentales en la doctrina constitucional. *Revista Española de Derecho Constitucional*, nº 39, 1993. Também o trabalho de SARLET, Ingo W. *A eficácia dos direitos fundamentais*: uma teoria geral dos direitos fundamentais na perspectiva constitucional. Porto Alegre: Livraria do Advogado, 2018.

Nesse sentido, queremos sustentar que a plena efetividade dos direitos fundamentais exige o reconhecimento de que a titularidade dos mesmos não corresponde apenas aos indivíduos considerados isoladamente, mas também na medida em que estejam inseridos em grupos e organizações cuja finalidade seja especificamente a defesa de determinados espaços lícitos de liberdade, ou a realização de interesses e valores que formam o substrato final do direito fundamental. Nas palavras de Ángel Gómez:

> *si el derecho a asociarse es un derecho constitucional y si los fines de la persona colectiva están protegidos constitucionalmente por el reconocimiento de la titularidad de aquellos derechos acordes con los mismos, resulta lógico que se les reconozca también constitucionalmente la titularidad de aquellos otros derechos que sean necesarios y complementarios para la consecución de esos fines.*[161]

Ou seja, o reconhecimento constitucional e infraconstitucional do fenômeno associativo e da articulação das entidades coletivas dotadas de personalidade exige que se assuma interpretação ampla das expressões com que, em cada caso, se denomina e titulariza o sujeito desses direitos legislativamente desenvolvidos. Mas claro que há limites/parâmetros, até lógicos, para tal reconhecimento, envolvendo tanto a natureza do direito fundamental, ou seja, seu conteúdo protegido constitucionalmente, como a aptidão desse direito para atingir o objetivo perseguido pela pessoa coletiva específica.[162]

Podemos, de qualquer sorte, afirmar que direitos como o da igualdade perante a lei; as liberdades de informação, opinião, expressão e difusão do pensamento oral ou escrito, palavra ou imagem, por qualquer meio de comunicação; solicitar as informações de que necessite sem justa causa e recebê-las de qualquer entidade pública, podem ser exercitados por parte das pessoas jurídicas – e entendemos que também o direito à honra e à boa reputação, principalmente considerando a lógica

---

[161] GÓMEZ MONTORO, Ángel J. La titularidad de derechos fundamentales por personas jurídicas: un intento de fundamentación. *Revista Española de Derecho Constitucional*, nº 65, mayo–agosto 2012, p. 95. Ver também o excelente texto de MARÍN, María Dolores Moreno. *El daño moral causado a las personas jurídicas*. Madrid: Dykinson, 2019.

[162] Por certo que há alguns direitos fundamentais que não se aplicariam diretamente às pessoas jurídicas, tais como: direito à vida, à identidade, à integridade moral, mental e física e ao livre desenvolvimento e bem-estar; liberdade de consciência; o direito à privacidade pessoal e familiar; direito de manter sigilo sobre convicções políticas, filosóficas, religiosas ou de qualquer outro tipo; o direito à identidade étnica e cultural.

dos mercados em que atuam.[163] Neste ponto o Tribunal Constitucional espanhol já teve oportunidade de afirmar que:

> [a]unque el honor "es un valor referible a personas individualmente consideradas", el derecho a la propia estimación o al buen nombre o reputación en que consiste, no es patrimonio exclusivo de las mismas. (...) En consecuencia, dada la propia sistemática constitucional, el significado del derecho al honor ni puede ni debe excluir de su ámbito de protección a las personas jurídicas. **(...) Resulta evidente, pues, que, a través de los fines para los que cada persona jurídica privada ha sido creada, puede establecerse un ámbito de protección de su propia identidad y en dos sentidos distintos: tanto para proteger su identidad cuando desarrolla sus fines, como para proteger las condiciones de ejercicio de su identidad, bajo las que recaería el derecho al honor. En tanto que ello es así, la persona jurídica también puede ver lesionado su derecho al honor a través de la divulgación de hechos concernientes a su entidad, cuando la difame o la haga desmerecer en la consideración ajena.[164]**

Por óbvio que estamos falando da honra objetiva quando nos referimos à pessoa jurídica, estando relacionada, pois, à maneira como a sociedade enxerga determinada corporação; a sua reputação junto ao seio social, o que envolve, por exemplo, a qualidade de produtos e serviços que oferta no mercado, pela sua estrutura organizacional, pelo cumprimento das suas obrigações. Como nos diz Doneda:

> Quando se trata de pessoa jurídica, o tema da ofensa à honra propõe uma distinção inicial: a honra subjetiva, inerente à pessoa física, que está no psiquismo de cada um e pode ser ofendida com atos que atinjam sua dignidade (...) causadores de dor, humilhação, vexame; a honra objetiva externa ao sujeito que consiste no respeito, admiração, apreço,

---

[163] Nesse sentido, ver os textos de: (i) FROTA, Pablo Malheiros da Cunha. *Danos morais e a pessoa jurídica.* São Paulo: Editora Método, 2018; (ii) TEPEDINO, Gustavo. A tutela da personalidade no ordenamento civil-constitucional brasileiro. In: *Temas de direito civil.* Rio de Janeiro: Renovar, 2008, em especial na página 57, quando reconhece direitos extrapatrimoniais às pessoas jurídicas com fins lucrativos somente, no que discordamos, pois as que não possuem fins lucrativos podem igualmente ter suas imagens-atributos abaladas e, com isso, sofrerem prejuízos extrapatrimoniais significativos.

[164] In: STC, 139/1995, de 14/10/1995. Disponível em: http://hj.tribunalconstitucional.es/es-ES/Resolucion/Show/2993#complete_resolucion&completa. Acesso em: 19 out. 2021. Refere o Tribunal, em outra sentença anterior a esta, que: "*Si el objetivo y función de los derechos fundamentales es la protección del individuo, sea como tal individuo o sea en colectividad, es lógico que las organizaciones que las personas naturales crean para la protección de sus intereses sean titulares de derechos fundamentales, en tanto y en cuanto éstos sirvan para proteger los fines para los que han sido constituidas*". (STC 52/1995, Sala 1ª, de 23/02/1995).

consideração que os outros dispensam à pessoa (...) A pessoa jurídica, criação da ordem legal, não tem capacidade de sentir emoção e dor, estando por isso desprovida de honra subjetiva e imune à injúria. Pode padecer, porém, de ataque à honra objetiva, pois goza de uma reputação junto a terceiros, possível de ficar abalada por atos que afetem o seu bom nome no mundo civil ou comercial onde atua.[165]

Entendendo a honra em sentido objetivo nesses contextos, é possível estendê-la também às pessoas jurídicas, pois em sociedades tão complexas como as de hoje, nas quais os indivíduos, conscientes de suas limitações e no exercício do livre desenvolvimento de sua personalidade, compartilham seus interesses com outros indivíduos com vistas ao alcance de determinados objetivos, é possível sustentar que o direito à honra como consideração social não se restrinja a matéria exclusivamente individual.[166]

Estamos falando de concepção mais ampla de *bens imateriais*, que engloba atentados aos direitos da personalidade constitutiva de corporações, autorizando-lhes reivindicar legitimidade ativa para os fins de sustar tais lesões, ou se ressarcir delas, isso porque aqueles danos ocorrem também quando a satisfação de interesse legítimo e lícito alcançando seu patrimônio, atividade e lucro, se vê atingida, ou impedida, por conta da perda de prestígio profissional ou do bom nome levados a efeito por quem quer que seja.[167]

No Brasil, a definição normativa de pessoa jurídica vem dada, preambularmente, pelos termos dos art. 40 ao art. 44 do Código Civil Brasileiro – CCB vigente, acolhendo a compreensão do prof. Clóvis

---

[165] DONEDA, Danilo. *Da privacidade à proteção de dados pessoais*. Rio de Janeiro: Renovar, 2014, p. 56-57. Ver também o nosso LEAL, Rogério G. A nova Lei Anticorrupção Empresarial no Brasil: novo marco regulatório às responsabilidades das pessoas jurídicas por atos atentatórios aos bens públicos. *Revista Interesse Público*. Belo Horizonte, nº 88, p. 25-54, nov./dez. 2014.

[166] Ver o interessante texto de VIDAL MARÍN, Tomás. *El derecho al honor y su protección desde la Constitución española*. Madrid: Centro de Estudios Políticos y Constitucionales, 2019. Lembra o autor que: *"en un modelo social y político como el actual el derecho a la reputación incide sobre ámbitos que superan el reducto individual de la persona para incidir también sobre grupos sociales de naturaleza heterogénea, que son también sensibles a la consideración que el entorno social tenga de ellos y fundamentalmente de la actividad que realizan y de la coherencia de sus presupuestos fundacionales con la práctica cotidiana"*. (p. 78).

[167] Interessante o argumento de PEREZ FUENTES, Gisela Maria. *Daño moral en las personas jurídicas*. México: Universidad Juárez Autónoma de Tabasco, 2018, p. 91: *"la persona jurídica también puede ser titular de situaciones jurídicas existenciales como el derecho a la identidad, reputación, privacidad, entre otros. En efecto, se le pueden lesionar estos derechos a la persona jurídica si, por ejemplo, se hacen afirmaciones inexactas sobre ella, si se hacen juicios de valor negativos o si se viola su correspondencia"*.

Bevilácqua a despeito de não constituir conceito propriamente dito, no sentido de assim constituir: "todos os agrupamentos de homens que, reunidos para um fim, cuja realização procuram, mostram ter vida própria, distinta da dos indivíduos que os compõem, e necessitando, para a segurança dessa vida, de uma proteção particular do direito".[168]

A par dessas demarcações resta claro o reconhecimento da capacidade destas pessoas para adquirir e possuir bens de todos os tipos, bem como contrair obrigações e exercer ações civis ou criminais, de acordo com as leis e as regras de sua constituição. Para além disso, o art. 52 do CCB refere expressamente que se aplica às pessoas jurídicas, *no que couber*, a proteção dos direitos da personalidade, o que dialoga com a Constituição de 1988 na medida em que os incisos V e X, do seu art. 5º, tratam da garantia de indenização por dano moral, não fazendo referência que seja restrita às pessoas físicas. O inciso X do mesmo dispositivo, por sua vez, prevê a tutela da intimidade, da vida privada, da honra e da imagem, sendo estas duas últimas expressões reais da reputação e do bom nome do sujeito de direito em face da Comunidade a que pertence.[169]

Aquele art. 52, ao empregar a categoria *no que couber*, amplia as possibilidades à tutela da pessoa jurídica enquanto centro de imputação de normas jurídicas, configurada como portadora de garantias a serem asseguradas pelo Estado no intento de perseguir seus escopos. E há lógica em tal compreensão, pois se a pessoa jurídica responde por danos oriundos de comportamentos dos seus representantes, inclusive tendo o patrimônio como garante de eventuais indenizações, é legítimo que tenha direito de buscar reparação de prejuízos que sofra em âmbito patrimonial e extrapatrimonial.[170]

---

[168] BEVILÁCQUA, Clóvis. *Teoria geral do direito civil*. Rio de Janeiro: Francisco Alves, 1929, p. 158. Na mesma direção, o trabalho de CASTRO, Benito de. *Manual de teoría del derecho*. Madrid: Editorial Universitas S.A., 2019, p. 213.

[169] A despeito disso, temos a posição majoritária da doutrina nacional, nos termos do Enunciado nº 286, publicado na 4ª Jornada de Direito Civil, coordenada pelo Conselho de Justiça Federal no STJ, que diz o seguinte: "*Os direitos da personalidade são direitos inerentes e essenciais à pessoa humana, decorrentes de sua dignidade, não sendo as pessoas jurídicas titulares de tais direitos*". Disponível em: https://www.cjf.jus.br/enunciados/enunciado/256. Acesso em: 25 out. 2021.

[170] A proteção dos direitos da personalidade de pessoas jurídicas, e mesmo de entidades comerciais, de fato, está intimamente ligada às regras que regem os poderes e responsabilidades dos administradores, a transparência do mercado, a proteção de credores e investidores, razão pela qual os bens e interesses eventualmente atingidos por abalos a tais direitos são multifacetados. Nessa direção, ver o trabalho de ZENCOVICH, Vincenzo Zeno. *Onore e reputazione nel sistema del diritto civile*. Napoli: Ed. Jovene, 2015.

Mesmo antes da edição do novo Código Civil de 2002, a doutrina pátria já esboçava anuência com a tese do dano extrapatrimonial da pessoa jurídica, como nos faz ver Aguiar Dias e Pontes de Miranda.[171] Na mesma direção, Alexandre Alves, quando assevera que o dano à imagem está ligado ao dano moral, sendo que sua violação repercute na reputação da pessoa jurídica, diminuindo não apenas o seu sucesso comercial, mas afetando sua credibilidade.[172]

Para Sílvio de Salvo Venosa, os direitos de personalidade da pessoa jurídica podem efetivamente ser atingidos, inclusive na espécie de dano moral, nomeadamente quando alcançar seu nome e tradição de mercado, implicando repercussão econômica, ainda que indireta, a despeito de reconhecer também que:

> a reparabilidade do dano moral causado *à* pessoa jurídica ainda sofre certas restrições na doutrina e na jurisprudência, principalmente por parte dos que defendem que a personalidade *é* bem personalíssimo, exclusivo da pessoa natural. Para essa posição, seus defensores levam em consideração que dano moral denota dor e sofrimento, que são exclusivos do Homem. Não são, entretanto, somente dor e sofrimento que traduzem o dano moral, mas, de forma ampla, um desconforto extraordinário na conduta do ofendido e, sob esse aspecto, a vítima pode ser tanto a pessoa natural como a pessoa jurídica.[173]

Lembremo-nos de que no âmbito do direito de marcas e patentes o Brasil já tem tradição consolidada de tutela da propriedade industrial, atentando aos danos causados por abusos de marcas que resultem em danos patrimoniais e extrapatrimoniais, gerando perda de clientela, perda de credibilidade no mercado, diminuição de lucros entre outros. Nesse sentido, decisão do Superior Tribunal de Justiça:

---

[171] Especificamente em suas obras: (i) AGUIAR DIAS, José de. *Da responsabilidade civil*. Rio de Janeiro: Forense, 1983, p. 897; (ii) PONTES DE MIRANDA, Francisco C. *Tratado de direito privado*. Rio de Janeiro: Borsoi, 1971, v. XXVI, §3.108, p. 32.

[172] ALVES, Alexandre Ferreira de Assumpção. *A pessoa jurídica e os direitos de personalidade*. Rio de Janeiro: Renovar, 1998, p. 100. Ver também o texto de ALVES, Francisco Assis. Direito Constitucional Civil. O perfil dos direitos das pessoas naturais e das pessoas jurídicas no Código Civil de 2002. In: MARTINS, Ives Gandra. *Lições de direito constitucional em homenagem ao jurista Celso Bastos*. São Paulo: Saraiva, 2005, p. 888 e seguintes.

[173] VENOSA, Silvio de Salvo. *Direito civil*: responsabilidade civil. São Paulo: Atlas, 2018, p. 203. Ver também o texto de ALTHEIM, Roberto. *Direito de danos*: pressupostos contemporâneos do dever de indenizar. Curitiba: Juruá, 2018.

De fato, a marca não tem apenas a finalidade de assegurar direitos ou interesses meramente individuais do seu titular (ordem privada), mas visa, acima de tudo, resguardar o mercado (ordem pública), protegendo os consumidores, conferindo-lhes subsídios para aferir a origem e a qualidade do produto ou serviço, além de evitar o desvio ilegal de clientela e a prática do proveito econômico parasitário. Não se pode olvidar, ademais, que *a marca, muitas vezes, é o ativo mais valioso da empresa, sendo o meio pelo qual o empresário consegue, perante o mercado, distinguir e particularizar seu produto ou serviço, enaltecendo sua reputação. Portanto, por sua natureza de bem imaterial, é ínsito que haja prejuízo moral à pessoa jurídica quando se constata o uso indevido da marca, pois, forçosamente, a reputação, a credibilidade e a imagem da empresa acabam sendo atingidas perante todo o mercado (clientes, fornecedores, sócios, acionistas e comunidade em geral), além de haver o comprometimento do prestígio e da qualidade dos produtos ou serviços ofertados, caracterizando evidente menoscabo de seus direitos, bens e interesses extrapatrimoniais.* O contrafator, causador do dano, por outro lado, acaba agregando valor ao seu produto, indevidamente, ao se valer da marca alheia. Sendo assim, o dano moral por uso indevido da marca *é* aferível *in re ipsa*, ou seja, sua configuração decorre da mera comprovação da prática de conduta ilícita – contrafação –, revelando-se despicienda a demonstração de prejuízos concretos ou a comprovação probatória do efetivo abalo moral, haja vista que o vilipêndio do sinal, uma vez demonstrado, acarretará, por consectário lógico, a vulneração do seu bom nome, reputação ou imagem.[174]

Mesmo na jurisprudência nacional anterior ao Código Civil de 2002, começou-se a compreender que a pessoa jurídica, apesar de não possuir honra subjetiva (sentimentos de autoestima, dignidade e decoro) –, é titular de honra objetiva a ser tutelada pelo direito, em acórdãos dos Ministros Ruy Rosado de Aguiar[175] e Sálvio de Figueiredo Teixeira.[176]

Por tais razões que o STJ sumulou a matéria (Súmula 227) asseverando que pessoas jurídicas podem sofrer dano moral. Entretanto, é necessário que a entidade comprove a efetiva lesão ao nome, à reputação, à credibilidade ou à imagem-atributo perante terceiros a ponto

---

[174] Resp. nº 1.327.773-MG, Relator Min. Luis Felipe Salomão, julgado por maioria em 28/11/2017, publicado no DJe de 15/02/2018. Aliás, o dano *in re ipsa* nessas situações foi se consolidando no STJ, basta ver o REsp. nº 1.661.176-MG.

[175] REsp. nº 129428-RJ, julgado em 25/03/1998 e publicado no DJ de 22/06/1998.

[176] REsp. nº 134993-MA, julgado em 03/02/1998 e publicado no DJ de 16/03/1998.

de prejudicar sua atividade comercial.[177] Ou seja, não estaríamos tratando, em tese, da configuração de dano *in re ipsa*.

Cumpre recordar, todavia, que o art. 953 do CCB prevê ser possível reparação de danos provocados por indenização, injúria, difamação ou calúnia; e se o ofendido *não puder provar prejuízo material*, caberá ao juiz fixar, equitativamente, o valor da indenização, na conformidade das circunstâncias do caso. Em 27/11/2020, o Plenário do STF reafirmou o entendimento de que *a pessoa jurídica pode ser vítima de difamação* (imputação de fato ofensivo à reputação de alguém) no julgamento virtual da PET 8481, proposta pelo Greenpeace Brasil contra o Ministro do Meio Ambiente, Ricardo Salles, em face de este ter chamado organizações à moda da impetrante como ecoterroristas (e sobre isso o STF indeferiu a pretensão), o que reforça o reconhecimento da tutela da imagem, reputação e patrimônio imaterial das corporações ao menos em dimensão restrita.[178]

Vamos agora avaliar em que medida é possível e necessário equalizar estes direitos da personalidade jurídica das empresas sob comento e o direito da Administração Pública em veicular informações potencialmente detrimentosas a seu respeito em cadastros públicos de acesso universal e gratuito, em face das determinações da Lei Anticorrupção?

4.3 O cadastro nacional de empresas punidas administrativamente nos termos da Lei Anticorrupção: problemas intercorrentes

Mais do que prever sanções a serem aplicadas aos agentes públicos envolvidos nos atos corruptos, as normas adotadas pelo Brasil no

---

[177] Ver, no ponto, o trabalho de FARIA, Cristiano Chaves de; ROSENVALD, Nelson. *Direito civil, teoria geral*. Rio de Janeiro: Lumen Juris, 2017. Nesta perspectiva o dano moral se consubstanciaria como decorrência da violação de direitos da personalidade, elencados a partir do art. 11, do CCB vigente, assim como nas disposições do art. 927 do mesmo estatuto. Aliás, na III Jornada de Direito Civil do Conselho da Justiça Federal, sob a coordenação geral do então Ministro Ruy Rosado de Aguiar, restou firmado o enunciado nº 189 firmando o entendimento de que: "*Na responsabilidade civil por dano moral causado à pessoa jurídica, o fato lesivo, como dano eventual, deve ser devidamente demonstrado*".

[178] Disponível em: http://portal.stf.jus.br/noticias/verNoticiaDetalhe.asp?idConteudo=456373 &ori=1. Acesso em: 26 out. 2021. Do mesmo modo, este Tribunal, ao julgar o RHC nº 83.091, publicado no DJe de 26/09/2003, relatoria do Min. Marco Aurélio, entendeu que *a prática dos crimes de injúria e calúnia somente é possível quando a vítima é pessoa física*. Sobre esses pontos, ver o trabalho de ALVES, Alexandre F. de Assumpção. *A pessoa jurídica e os direitos da personalidade*. Rio de Janeiro: Renovar, 2014.

combate à corrupção – sejam elas concebidas pelo Poder Legislativo local ou decorrentes da assinatura de tratados internacionais, ou ainda meros protocolos de intenção – buscam atingir todas as esferas suscetíveis a tais desmandos.

A Lei Anticorrupção propõe a responsabilização das pessoas jurídicas pelos atos praticados contra a Administração Pública, seja ela nacional ou estrangeira, e medidas de caráter punitivo muito amplas, entre as quais o registro de sanções aplicados a empresas por conta de eventual decisão de processo administrativo apurador de violações de suas normas, nos termos do art. 22:

> Art. 22. Fica criado no *âmbito* do Poder Executivo federal o Cadastro Nacional de Empresas Punidas – CNEP, que reunirá e dará publicidade às sanções aplicadas pelos *órgãos* ou entidades dos Poderes Executivo, Legislativo e Judiciário de todas as esferas de governo com base nesta Lei.
> §1º Os *órgãos* e entidades referidos no *caput* deverão informar e manter atualizados, no Cnep, os dados relativos *às sanções* por eles aplicadas.
> §2º O Cnep conterá, entre outras, as seguintes informações acerca das sanções aplicadas:
> I – razão social e número de inscrição da pessoa jurídica ou entidade no Cadastro Nacional da Pessoa Jurídica – CNPJ;
> II – tipo de sanção; e
> III – data de aplicação e data final da vigência do efeito limitador ou impeditivo da sanção, quando for o caso. [179]

Este cadastro hoje está sob a gestão da Controladoria Geral da União, através do Portal da Transparência do Poder Executivo Federal, com inúmeras informações de empresas sancionadas administrativamente por alguma violação da norma de referência (dados tanto da empresa quanto do tipo de penalidade aplicada e o seu prazo de vigência),[180] sendo que os elementos lá constantes estão à disposição de qualquer pessoa, sem necessidade de identificação e finalidade do acesso.

---

[179] Posteriormente, acerca da implementação prática de tais cadastros, a referida Lei foi regulamentada pelo Decreto nº 8.420, de 18 de março de 2015, e pela Instrução Normativa nº 2 da Controladoria-Geral da União, de 07 de abril de 2015.

[180] Disponível em: https://www.portaltransparencia.gov.br/sancoes/cnep?ordenarPor= nome&direcao=asc. Acesso em: 28 out. 2021. A pesquisa neste site permite ao usuário a investigação pelo nome da empresa ou pessoa física específica mediante inserção de dados como CNPJ/CPF ou, ainda, mediante acesso à lista integral de corporações penalizadas administrativamente.

O problema é que a apuração da responsabilidade administrativa de pessoa jurídica que possa resultar na aplicação das sanções previstas no art. 6º, da Lei, será efetuada por meio de Processo Administrativo de Responsabilização – PAR de qualquer autoridade administrativa, seja federal, estadual ou municipal, nos termos do art. 2º do Decreto Federal nº 8.420/2015, sendo que a competência para a instauração e para o julgamento deste PAR é da autoridade máxima da entidade em face da qual foi praticado o ato lesivo – art. 3º.[181]

Pode a autoridade administrativa optar por instaurar, preliminarmente, investigação específica para apurar com maior detalhamento o ocorrido, e quando o fizer deverá observar a exigência de sigilo que o §1º do art. 4º reclama, justamente para demarcar melhor a materialidade e autoria dos atos lesivos em tese levados a cabo. Mas essa é uma faculdade da autoridade administrativa competente, pois poderá simplesmente, por *despacho fundamentado*, optar pela instalação direta do PAR. E aqui já temos um problema!

Ocorre que a escolha de dispensar investigação preliminar sigilosa para apurar indícios de autoria e materialidade de atos violadores da Lei, mesmo que fundamentada, elegendo a instituição do PAR diretamente, cria situação demasiadamente desfavorável às empresas pretensamente envolvidas, pois já torna público o fato dessas estarem respondendo a *apurações* de corrupção, *vez que o mesmo sigilo e caráter não punitivo não está assegurado ao procedimento administrativo* consectário, e isso, seguramente, viola o princípio constitucional da não culpabilidade e inocência (nomeadamente em face de publicidade que já existe em tal instância) –, o qual se estende igualmente às pessoas jurídicas. Por isso, configura direito público indisponível daquelas terem, preambularmente, assegurada a investigação preliminar referida pela Lei, até para que se possa delimitar, com ao menos indícios de provas, a materialidade e autoria exigida pela norma.

Este estado constitucional de não culpabilidade das pessoas jurídicas enquanto legítimos sujeitos de direito só é passível de ser afastado

---

[181] Há municípios brasileiros que já criaram suas regulamentações para expor, virtual e publicamente, informações de procedimentos administrativos abertos, em andamento e julgados, envolvendo empresas investigadas por supostos atos de corrupção regulados pela LA. Vide a regulamentação da cidade de Florianópolis, Santa Catarina, no site https://www.pmf. sc.gov.br/arquivos/arquivos/pdf/18_09_2019_15.29.05.49efd0e31cd4df24dd3392a7b87564a1. pdf, acessado em 03 nov. 2021; e do município de Juiz de Fora, no site https://www.pjf. mg.gov.br/secretarias/cgm/controle/legislacao/arquivos/instrucoes/in54/manual_de_ gestao_e_fiscalizacao_de_contratos_2021.pdf, acessado em 03 nov. 2021).

por decisão judicial transitada em julgado, sendo a carga probatória para inverter tal cenário, mesmo que provisoriamente, da responsabilidade da Administração Pública (órgão acusador).

Aqui valem as garantias processuais genéricas firmadas pelo texto constitucional brasileiro – e mesmo por diplomas legais internacionais firmados pelo país –, que inclusive ancoram a presunção de inocência em face do devido processo, ampla defesa, contraditório e duplo grau de jurisdição. 182

4.4 Notas conclusivas

Em sociedades marcadas pela rapidez na propagação de informações – falsas e verdadeiras – como a que vivemos, e em que a cada dia se busca maior comprometimento de indivíduos, organizações e governos com questões éticas comportamentais e ambientais, a divulgação de nomes de corporações que estão sendo investigadas e mesmo de sanções administrativas tem um grande potencial de repercussão negativa geradora de imediatos riscos de danos aos seus escopos aparentemente legítimos.

Afinal, a imagem construída pela pessoa jurídica representa valor patrimonial, por vezes, mais significativo do que o seu patrimônio material, pois a imagem positiva reflete o respeito, credibilidade e confiabilidade que tanto consumidores quanto fornecedores, prestadores de serviços e funcionários têm pela empresa.[183] E quando o nome da empresa é lançado em registros públicos de acesso universal e virtual como investigado e/ou condenado por processos administrativos envolvendo corrupção, seguramente prejuízos diretos ou indiretos ocorrerão contra ela (direta e indiretamente).

Logo, a esfera atingida por meio da divulgação de tais informações em banco público desenha-se para além da perda de valor financeiro previsível, eis que também alcança valor intangível (reputação

---

[182] Dentre outros documentos internacionais, podemos citar o caso da Declaração Universal dos Direitos Humanos, que em seu artigo 11.1 define a presunção de inocência da seguinte forma: "Toda pessoa acusada de um crime tem direito a ser presumida inocente até que se prove sua culpa, de acordo com a lei e em julgamento público em que todas as garantias necessárias à sua defesa estão asseguradas". Da mesma forma, o artigo 14.2 do Pacto Internacional sobre Direitos Civis e Políticos e o artigo 8.2 da Convenção Americana sobre Direitos Humanos.

[183] Ver o clássico trabalho de VERCELLONE, Paolo. *Il diritto sul proprio ritratto*. Torino: Torinense, 1959.

das corporações). Afinal, a reputação é de difícil conceituação, visto que decorre da percepção dos outros. Assim, "falar em reputação – e sobretudo de boa reputação – é falar de ativo intangível, cuja fragilidade é proverbial, porque, de forma singela, diz respeito à percepção que outros têm quanto ao valor de uma organização ou de um profissional (...) está intimamente ligada à confiança coletiva, ou melhor, à legitimidade que se conquista pelas políticas praticadas ou pelas ações cometidas".[184]

Criar lista de livre acesso e com a disponibilização de todas as informações atinentes ao sancionamento de empresas pela prática de corrupção acarreta efeitos que se estendem no tempo e que permanecem penalizando o infrator mesmo após este ter cumprido eventuais castigos em sua integralidade.

Queremos sustentar que, abalado o conceito e bom nome mediante a atribuição de cometimento de atos vedados pela Lei Anticorrupção – ainda que no âmbito meramente administrativo –, a imagem-atributo e a honra comercial restam atingidos, surgindo daí não só o direito de eventual reparação, mas também e principalmente o direito de ver sustados tais danos, ou ameaças de que isso possa ocorrer, mediante medidas judiciais cautelares ou de urgências adequadas. Aliás, de lembrar que a violação do direito da personalidade da entidade pode afetar, mediata ou imediatamente, os direitos individuais dos associados, autorizando inclusive a estes agir em proteção de tais patrimônios, admitindo-se, consequentemente, a divisibilidade do interesse lesado, o que significa concretamente que cada acionista pode reclamar, individualmente, a reparação do dano sofrido.

Aliás, a Administração Pública pode tomar medidas menos atentatórias às pessoas jurídicas submetidas a investigação ou ao PAR; basta providenciar suspensão de contratos, blindagem de bens, intervenção em serviços e obras, tudo no âmbito interno da relação com os envolvidos, sem necessitar divulgar prematuramente isso ao público. Muitas vezes a jurisdição é provocada para tanto, com pedidos inclusive de vedação cautelar ou de urgência no sentido de que essas empresas não

---

[184] SROUR, Robert H. Ética *empresarial:* a gestão da reputação. Rio de Janeiro: Elsevier, 2013, p. 348. Ver a interessante matéria publicada pela FORBES, no site https://www.forbes.com/sites/forbesagencycouncil/2016/10/31/why-brand-image-matters-more-than-you-think/?sh=32d1600010b8, acessado em 08 nov. 2021, dando conta da importância da imagem das empresas no mercado hoje.

firmem negócios jurídicos (ou sejam suspensas) com determinados órgãos públicos, o que também se dá intramuros processuais.

Agudiza estes cenários o fato de que o mercado, cada vez mais, atua com lógica seletiva em termos de comportamentos institucionais, priorizando padrões éticos mínimos que vão constituindo sua identidade institucional, respeitabilidade e prestígio, mas podendo também gerar estereótipos estigmatizantes de condutas ímprobas e ilícitas, decorrendo daí modalidades distintas de discriminações.[185]

Não bastasse isso, ainda cumpre observar que o legislador não previu prazo máximo para a publicidade das informações constantes no CNEP. Assim, caso a delimitação do lapso configure faculdade da autoridade competente, corre-se o risco de que a empresa fique refém do administrador público que estabelece prazos arbitrários, longevos ou sem controle, para que o seu nome fique exposto à opinião pública geral, ocasionando-lhe as consequências já referidas, até que se reveja tal situação, mesmo que jurisdicionalmente.

4.5 Referências

AGUIAR DIAS, José de. *Da responsabilidade civil*. Rio de Janeiro: Forense, 1983.

ALLEN, Anita. Rethinking the rule against corporate privacy rights: some conceptual quandries for the common law. *John Marshall Law Review*, 20 (1987).

ALTHEIM, Roberto. *Direito de danos:* pressupostos contemporâneos do dever de indenizar. Curitiba: Juruá, 2018.

ALVES, Alexandre F. de Assumpção. *A pessoa jurídica e os direitos da personalidade*. Rio de Janeiro: Renovar, 2014.

ALVES, Francisco Assis. Direito constitucional civil. O perfil dos direitos das pessoas naturais e das pessoas jurídicas no Código Civil de 2002. In: MARTINS, Ives Gandra. *Lições de direito constitucional em homenagem ao jurista Celso Bastos*. São Paulo: Saraiva, 2005.

ANCEL, Pascal. La protection des données personnelles. Aspects de droit privé français *Revue Internationale de Droit Comparé*, v. 39, 1987.

ARA PINILLA, Ignacio. *Teoría del derecho*. Madrid: Taller ediciones JB, 2016.

---

[185] No ponto, ganha relevo a advertência de VERCELLONE, Paolo. *Il diritto sul proprio ritratto, op. cit.*, p. 81: *"nel ricorrere analogicamente alle norme dettate per i diritti della personalità si deve sempre considerare che la tutela degli enti collettivi non realizza un risultato finale, come nel caso delle persone fisiche, ma un interesse essenzialmente strumentale al conseguimento dello scopo sociale".*

BAILEY, John; TAYLOR, Matthew M. *Evade, Corrupt, or Confront? Organized Crime and the State in Brazil and Mexico*. Disponível em: http://journals.sub.uni-hamburg.de/giga/jpla/article/view/38. Acesso em: 03 maio 2016.

BELLAMY, Foster; MAGDOFF, Fernand J. *The great financial crisis:* causes and consequences. New York: Monthly Review Press, 2019.

BEQUAI, August. *White-collar crime:* a 20th-century crisis. Washington: Reowman & Littlefield, 2018.

BEVILÁCQUA, Clóvis. *Teoria geral do direito civil*. Rio de Janeiro: Francisco Alves, 1929.

CASTRO, Benito de. *Manual de teoría del derecho*. Madrid: Editorial Universitas S.A., 2019.

DAVIGO, Piercamillo. *Il sistema della corruzione*. Roma: Laterza, 2017.

DONEDA, Danilo. *Da privacidade à proteção de dados pessoais*. Rio de Janeiro: Renovar, 2014.

FARIA, Cristiano Chaves de; ROSENVALD, Nelson. *Direito civil, teoria geral*. Rio de Janeiro: Lumen Juris, 2017.

FERNÁNDEZ SEGADO, Francisco. La teoría jurídica de los derechos fundamentales en la doctrina constitucional. *Revista Española de Derecho Constitucional*, nº 39, 1993.

FICI, Antonio; RESTA, Giorgio. La tutela dei dati degli enti collettivi: aspetti problamatici. In: PARDOLESI, Roberto. *Diritto alla riservatezza e circolazione dei dati personali*. Roma: Giuffrè, 2003.

FROTA, Pablo Malheiros da Cunha. *Danos morais e a pessoa jurídica*. São Paulo: Editora Método, 2018

GALGANO, Francesco. Struttura logica e contenuto normativo del concetto di persona giuridica. *Rivista di Diritto Civile*, vol.43, 1965.

GÓMEZ MONTORO, Ángel J. La titularidad de derechos fundamentales por personas jurídicas: un intento de fundamentación. *Revista Española de Derecho Constitucional*, 65, mayo–agosto 2012.

GRAY, John. *False dawn:* the delusions of global capitalism. London: Granta, 2018.

GUIDO, Alpa (edit.). *Tutela dei dati e tutela della persona*. Roma: Giuffrè, 2019.

HAYES, Mark. *The economics of keynes:* a new guide to the general theory. Northampton, MA, 2018.

HIRST, Paul. THOMPOSON, Graham. *Globalisation in question*. Cambridge: Polity, 2019.

http://hj.tribunalconstitucional.es/esES/Resolucion/Show/2993#complete_resolucion&completa. Acesso em: 19 out. 2021.

https://www.inc.com/encyclopedia/corporate-image.html. Acesso em: 26 out. 2021.

http://portal.stf.jus.br/noticias/verNoticiaDetalhe.asp?idConteudo=456373&ori=1. Acesso em: 26 out. 2021.

http://www.amnesty.org/en/news-and-updates/news/oil-industry-has-brought-poverty-and-pollution-to-niger-delta-20090630. Acesso em: 12 out. 2020.

https://www.cjf.jus.br/enunciados/enunciado/256. Acesso em: 25 out. 2021.

https://www.giorgiopino.net/uploads/1/3/1/5/131521883/identità_personale_enti_collettivi. pdf. Acesso em: 13 out. 2021.

https://www.pjf.mg.gov.br/secretarias/cgm/controle/legislacao/arquivos/instrucoes/in54/manual_de_gestao_e_fiscalizacao_de_contratos_2021.pdf. Acesso em: 03 nov. 2021.

https://www.pmf.sc.gov.br/arquivos/arquivos/pdf/18_09_2019_15.29.05.49efd0e31cd4d f24dd3392a7b87564a1.pdf. Acesso em: 03 nov. 2021.

https://www.portaltransparencia.gov.br/sancoes/cnep?ordenarPor=nome&direcao=asc. Acesso em: 28 out. 2021.

KAISER, Pierre. *Les droits de la personnalité. Aspects théoriques et pratiques*. In: Revues Trimestrielle de Droit Civil. A.1971, T.79. Paris: Sirey, 1971.

KEYNES, John Maynard. *The general theory of employment, interest, and money*. New York: Harcourt, Brace & World, 2016.

KOTZ, Martin D. The financial and economic crisis of 2008: a systemic crisis of neoliberal capitalism. *Review of Radical Political Economics*, 41: 305.

LEAL, Rogério G. A nova Lei Anticorrupção empresarial no Brasil: novo marco regulatório às responsabilidades das pessoas jurídicas por atos atentatórios aos bens públicos. *Revista Interesse Público*. Belo Horizonte, n. 88, p. 25-54, nov./dez. 2014.

MARÍN, María Dolores Moreno. *El daño moral causado a las personas jurídicas*. Madrid: Dykinson, 2019.

MORATO LEITE, José Rubens. *Dano ambiental*: do individual ao coletivo, extrapatrimonial. São Paulo: Revista dos Tribunais, 2013.

MORSELLI, Enrico. Gli scandali bancari. In: *Archivio di Psichiatria*, Scienze Penali ed Antropologia Criminale, v. XV, 1-2, 1899.

PEREZ FUENTES, Gisela Maria. *Daño moral en las personas jurídicas*. México: Universidad Juárez Autónoma de Tabasco, 2018.

PONTES DE MIRANDA, Francisco C. *Tratado de direito privado*. Rio de Janeiro: Borsoi, 1971, v. XXVI.

RODOTÀ, Stefano. Persona, riservatezza, identità. Prime note sistematiche sulla protezione dei dati personali. *Rivista Critica de Diritto Privato*, 1997.

RODRÍGUEZ-ARANA, Jaime. Sobre la corrupción: un análisis multidisciplinar. *Revista de Direito da UNISC*, Santa Cruz do Sul, nº 41, p. 110-168, nov./dez. 2013.

RONCERO, Francisco Capilla. *La persona jurídica*: funciones y disfunciones. Madrid: Tecnos, 2018.

SARLET, Ingo W. *A eficácia dos direitos fundamentais:* uma teoria geral dos direitos fundamentais na perspectiva constitucional. Porto Alegre: Livraria do Advogado, 2018.

SROUR, Robert H. *Ética empresarial:* a gestão da reputação. Rio de Janeiro: Elsevier, 2013.

TEPEDINO, Gustavo. A tutela da personalidade no ordenamento civil-constitucional brasileiro. In: *Temas de direito civil.* Rio de Janeiro: Renovar, 2008.

VENOSA, Silvio de Salvo. *Direito civil:* responsabilidade civil. São Paulo: Atlas, 2018.

VERCELLONE, Paolo. *Il diritto sul proprio ritratto.* Torino: E. Torinense, 1959.

VIDAL MARÍN, Tomás. *El derecho al honor y su protección desde la Constitución española.* Madrid: Centro de Estudios Políticos y Constitucionales, 2019.

ZENCOVICH, Vincenzo Zeno. *Onore e reputazione nel sistema del diritto civile.* Napoli: Ed. Jovene, 2015.

CAPÍTULO 5

A DESCONSIDERAÇÃO DA PERSONALIDADE JURÍDICA COMO FERRAMENTA DE COMBATE À CORRUPÇÃO NO ÂMBITO DA LEI ANTICORRUPÇÃO BRASILEIRA: APONTAMENTOS CRÍTICOS

5.1 Notas introdutórias

Pretendemos neste tópico avaliar em que medida a desconsideração da personalidade jurídica, para fins de investigação e apuração de responsabilidades no âmbito da Lei Anticorrupção, pode trazer benefícios e vantagens para a efetividade de seus escopos. Ou seja, em que medida este instituto, de natureza historicamente civil, pode ser utilizado diretamente pela Administração Pública – e em que condições.

Vamos sustentar que pode sim o Poder Público se valer, por conta de suas competências próprias, do instituto da desconsideração da personalidade jurídica no âmbito do devido processo legal administrativo para fins de apurar as responsabilidades atribuídas pela norma de regência.

Para tanto, elegemos desenvolver a reflexão a partir dos seguintes pontos: (i) avaliar os fundamentos do instituto da desconsideração da personalidade jurídica; (ii) verificar quais as condições e possibilidades do uso administrativo do instituto da desconsideração da personalidade jurídica no âmbito da Lei Anticorrupção.

5.2 O instituto da desconsideração da personalidade jurídica: interfaces entre o público e o privado

O tema da desconsideração da personalidade jurídica não é novo no Ocidente, e ao menos a partir do século XIX vamos encontrar atenções dirigidas ao fato de ser possível a determinadas corporações desviarem-se de seus escopos matriciais para o cometimento, inclusive, de fins ilícitos.[186]

Foi no sistema da *common law*, principalmente nos Estados Unidos da América, que se deu, inicialmente na jurisprudência e ainda no século XIX, a utilização da desconsideração da personalidade jurídica, justamente para oportunizar a aferição de responsabilidades institucionais em termos de ilicitudes cometidas em nome destas e para seu proveito econômico.[187] Koury lembra que: "(...) na *common law*, opera-se a *disregard* sempre que haja necessidade de evitar solução anômala ou injusta, principalmente no Direito norte-americano, já que o Direito inglês mostra-se bastante ligado à ideia do precedente representado pelo caso Salomon, por nós citado, e a meios indiretos, como a *agency*, o *trust* e a fraude à lei para chegar ao resultado da desconsideração".[188]

Partilhamos, nesta linha de reflexão, do entendimento de Luciano Chaves de Farias, quando defende que não obstante algumas áreas do Direito apresentem previsão específica e expressa quanto à aplicação da *disregard doctrine*, é importante se ter presente que tal instituto "pertence à Teoria Geral do Direito, pois não há dúvida de que, independentemente da natureza do vínculo jurídico, se houver sócios da pessoa jurídica agindo fraudulentamente, com abuso de direito ou com

---

[186] Ver KOURY, Suzy Elizabeth Cavalcante. *A desconsideração da personalidade jurídica (disregard doctrine) e os grupos de empresas*. Rio de Janeiro: Forense, 2003. p. 63. Parte da doutrina entende ser o precedente da doutrina o caso *Bank of United States v. Deveaux*; outra parte manifesta ser o caso inglês *Salonon v. Salomon & Co* o primeiro caso data de 1809. Em termos mais históricos, no Brasil, ver a abordagem de OLIVEIRA, José Lamartine Correⓐa de. *A dupla crise da pessoa jurídica*. São Paulo: Saraiva, 1979.

[187] Conforme o texto de WORMSER, I. Maurice. *Diresgard of the corporate fiction and allied corporation problems*. Washington D.C.: Beard Books, 2000. Aduz o autor que um dos principais precedentes jurisprudenciais do tema é o caso *Bank of United States v. Deveaux*; assim como o caso inglês *Salonon v. Salomon & Co*. No Brasil, ver os textos de: (i) COELHO, Fábio Ulhoa. *Desconsideração da personalidade jurídica*. São Paulo. Editora Revista dos Tribunais, 1989; (ii) BLOK, Marcella. Desconsideração da personalidade jurídica: uma visão contemporânea. *Revista dos Tribunais*, v. 59/2013, p. 94 e seguintes.

[188] KOURY, Suzy Elizabeth Cavalcante. *A desconsideração da personalidade jurídica (disregard doctrine) e os grupos de empresas*. Rio de Janeiro: Forense, 2003, p. 80. Ver também o texto de NASCIMBENI, Asdrúbal Franco. A aplicação da teoria da desconsideração da personalidade jurídica às sociedades anônimas. *Revista dos Tribunais*, v. 61/2013.

violação às normas legais, é certo que caberá a superação da personalidade jurídica para se responsabilizar pessoalmente os envolvidos".[189]

No Brasil, na década de 1960, também o debate já se encontrava no horizonte da doutrina,[190] todavia, por muito tempo o princípio da separação entre sócios e sociedade foi tido como dogma impossível de ser superado. No entanto, foi-se percebendo que sob o manto do instituto da pessoa jurídica grande número de fraudes era praticado, fazendo-se necessário que os tribunais, apesar das disposições do então art. 20 do Código Civil de 1916 (dizendo que *as pessoas jurídicas têm existência distinta da dos seus membros*), passassem a romper com tais premissas.[191]

Conseguimos, no Brasil, fazer valer o reconhecimento da desconsideração da personalidade jurídica enquanto supressão momentânea da separação patrimonial entre a corporação e seus sócios, especialmente quando ocorrer fraude ou abuso na utilização da personalidade jurídica, como consagram, preambularmente, o art. 50 do Código Civil de 2002[192] e o *caput* do art. 28 do Código de Defesa do Consumidor.[193]

---

[189] FARIAS, Luciano Chaves de. Aplicação da teoria da desconsideração da personalidade jurídica na esfera administrativa. *Revista Fórum Administrativo*, Ano 7, nº 80, 2007, p. 42.

[190] Como aborda REQUIÃO, Rubens. Abuso e fraude através da personalidade jurídica (*disregard doctrine*). *Revista dos Tribunais*. São Paulo, v. 410, p. 12-24, dez. 1969. Nesse texto, fruto de uma conferência ministrada pelo autor, BLOK, Marcella. Desconsideração da personalidade jurídica: uma visão contemporânea. *Revista dos Tribunais*, v. 59/2013, p. 96, lembra-nos de que: "Nessa ocasião Requião sustentou a plena adequação ao direito brasileiro da teoria da desconsideração, defendendo a sua utilização pelos juízes, *independentemente de específica previsão legal*. Seu argumento básico é o de que as fraudes e os abusos perpetrados através da pessoa jurídica não poderiam ser corrigidos caso não fosse adotada a *disregard doctrine* pelo Direito Brasileiro. De qualquer forma, é pacífico na doutrina e na jurisprudência que a desconsideração da personalidade jurídica não depende de qualquer alteração legislativa para ser aplicada, na medida em que se trata de instrumento de repressão a atos fraudulentos. Quer dizer, deixar de aplica-la, a pretexto de inexistência de dispositivo legal expresso, significaria o mesmo que amparar a fraude" (Grifo nosso). Requião também vai tratar deste tema no seu já clássico trabalho: REQUIÃO, Rubens. *Curso de direito comercial*. 1º volume. São Paulo: Saraiva, 2012, p. 458.

[191] No ponto, ver o texto de CORREA JR., Gilberto Deon; WEIRICH, Gabriela. A desconsideração da personalidade jurídica no ordenamento jurídico brasileiro. *Revista do Ministério Público*, Porto Alegre, 2009, p. 117. Lembremo-nos de que Pontes de Miranda era contra o instituto da desconsideração da personalidade jurídica, sob o argumento de que ela poderia trazer fragilidades a estas sem qualquer previsão normativa anterior. Ver em PONTES DE MIRANDA. *Tratado de direito privado*. Vol. 30. São Paulo: BookSeller, 2004, p. 223.

[192] "art. 50. Em caso de abuso da personalidade jurídica, caracterizado pelo desvio de finalidade ou pela confusão patrimonial, pode o juiz, a requerimento da parte, ou do Ministério Público quando lhe couber intervir no processo, desconsiderá-la para que os efeitos de certas e determinadas relações de obrigações sejam estendidos aos bens particulares de administradores ou de sócios da pessoa jurídica beneficiados direta ou indiretamente pelo abuso". (Redação dada pela Medida Provisória nº 881, de 2019).

[193] "art. 28. O juiz poderá desconsiderar a personalidade jurídica da sociedade quando, em detrimento do consumidor, houver abuso de direito, excesso de poder, infração da lei, fato

Ainda no plano doutrinário, como nos lembra Tepedino, estabeleceu-se no país o debate sobre a aplicação da desconsideração da personalidade jurídica a partir dos que defendiam suas dimensões subjetiva e objetiva. Rubens Requião sustentava a teoria subjetiva, que exige como requisitos para a aplicação do instituto a demonstração de fraude ou abuso de direito praticados pelo sócio ou administrador. Fábio Konder Comparato filiava-se à teoria objetiva no sentido de que não se poderia exigir a fraude ou o abuso de direito para autorizar a desconsideração, pois há inúmeras situações nas quais a ineficácia da separação patrimonial ocorre em benefício do controlador sem que se caracterize abuso de direito ou fraude.[194]

Sublinha Couto Silva que:

> Nesse momento, cabe acrescentar que os administradores possuem o dever de obediência ao contrato ou estatuto social, devendo agir nos limites do objeto social, isso é, *intra vires*. Em contraposição, se os administradores extrapolam os limites do objeto social, agem ultra vires. Os administradores sempre responderão pelos prejuízos causados pelos atos praticados ultra vires (art. 158, II, da Lei de Sociedades por Ações), e nos atos *intra vires* responderão por culpa ou dolo pelos prejuízos causados. Entretanto, se o ato do administrador é *intra vires*, observando-se o dever de diligência, bem como os demais deveres fiduciários, a *business judgment rule* irá proteger a decisão e a administração de responsabilidade.[195]

E esses elementos estão muito bem sedimentados nos termos do art. 187 do Código Civil brasileiro de 2002, no sentido de que: "Também comete ato ilícito o titular de um direito que, ao exercê-lo, excede manifestamente os limites impostos pelo seu fim econômico ou social, pela boa-fé ou pelos bons costumes". Tal dispositivo seguramente impõe limites éticos ao exercício das posições jurídicas seja por meio do

---

ou ato ilícito ou violação dos estatutos ou contrato social. A desconsideração também será efetivada quando houver falência, estado de insolvência, encerramento ou inatividade da pessoa jurídica provocados por má administração". Advertimos que o §5º do mesmo artigo amplia esta responsabilidade nos seguintes termos: "Também poderá ser desconsiderada a pessoa jurídica sempre que sua personalidade for, de alguma forma, obstáculo ao ressarcimento de prejuízos causados aos consumidores".

[194] TEPEDINO, Gustavo. Notas sobre a desconsideração da personalidade jurídica. *Revista Trimestral de Direito Civil – RTDC*. Ano 8, v. 30, 2007, p. 58.

[195] COUTO SILVA, Alexandre. *A aplicação da desconsideração da personalidade jurídica no direito brasileiro*. Rio de Janeiro: Editora Forense. 2009, p. 45.

CAPÍTULO 5
A DESCONSIDERAÇÃO DA PERSONALIDADE JURÍDICA COMO FERRAMENTA DE COMBATE À CORRUPÇÃO...

princípio da boa-fé objetiva, da noção de bons costumes ou da função socioeconômica dos direitos.[196]

Teremos, então, a possibilidade da desconsideração da personalidade jurídica quando a prática do ato for ou ilícita ou formalmente lícita, todavia, associada a ato abusivo ou à fraude, já que tanto a ilicitude quanto a má administração acarretarão consequências específicas diretamente em face do responsável. Daí porque não podemos falar em aplicação deste instituto em face das características peculiares de determinadas sociedades, mas sim diante de determinadas situações fáticas, até porque a Lei Anticorrupção apresenta rol expansivo de pessoas jurídicas passíveis de ser alcançadas pelos seus termos e, dentre eles, pela desconsideração de personalidade de que estamos tratando.

Como já referimos, no Brasil o Código de Defesa do Consumidor (Lei nº 8.078/90) – CDC trouxe, de forma expressa, em seu art. 28, a teoria da desconsideração da personalidade jurídica como instituto importante na tutela dos direitos individuais e coletivos que abarca, autorizando seu uso em situações múltiplas, entre as quais: abuso de direito, excesso de poder, infração da lei, fato ou ato ilícito, violação dos estatutos ou contrato social, falência, estado de insolvência, encerramento ou inatividade da pessoa jurídica provocados por má administração sempre que a personalidade jurídica for, de alguma forma, obstáculo ao ressarcimento de prejuízos causados aos consumidores.[197]

---

[196] Precisamos, todavia, ficar atentos à crítica que faz Tepedino neste particular, ao dizer que: "A opção legislativa contraria a doutrina mais moderna do abuso de direito, que procura conferir-lhe papel autônomo na ciência jurídica' (Cunha de Sá, Abuso, p. 121). A ultrapassada concepção de abuso de direito como forma de ato ilícito, na pratica, condiciona sua repressão à prova de culpa, noção quase inerente ao conceito tradicional de ilicitude. No direito civil contemporâneo, ao contrário, a aferição de abusividade no exercício de um direito deve ser exclusivamente objetiva, ou seja, deve depender tão-somente da verificação de desconformidade concreta entre o exercício da situação jurídica e os valores tutelados pelo ordenamento civil-constitucional. Além disso, a associação do abuso com o ilícito restringe as hipóteses de controle do ato abusivo à caracterização o ato ilícito, deixando escapar um sem-número de situações jurídicas em que, justamente por serem licitas, exigem uma valoração funcional quanto ao eu exercício. Não se pode confundir a teoria do abuso de direito com a teoria do ato ilícito ou, ainda, com a fraude. Considere-se ato fraudulento o negócio jurídico tramado para prejudicar credores, em benefício do declarante ou de terceiros. No abuso, o que ocorre é um inadequado uso do direito, mesmo que seja estranho ao próprio propósito de prejudicar o direito de outrem". TEPEDINO, Gustavo. *Notas sobre a desconsideração da personalidade jurídica, op. cit.*, p. 84.

[197] Temos ciência de que vários autores entendem que os parágrafos 2º, 3º e 4 do art. 28 do CDC, que versam sobre a responsabilidade no caso de grupos societários, consórcios e sociedades coligadas, não são verdadeiras hipóteses de aplicação da teoria da desconsideração, mas casos de extensão da responsabilidade às sociedades que mantêm algum vínculo entre

Em 1994, com a edição da Lei nº 8.884, de 11 de junho, dispondo sobre a prevenção e a repressão às infrações contra a ordem econômica, contamos com a previsão do seu art. 18 dispondo que: "A personalidade jurídica do responsável por infração da ordem econômica poderá ser desconsiderada quando houver da parte deste abuso de direito, excesso de poder, infração da lei, fato ou ato ilícito ou violação dos estatutos ou contrato social. A desconsideração também será efetivada quando houver falência, estado de insolvência, encerramento ou inatividade da pessoa jurídica provocados por má administração".[198] E aqui já percebemos a amplitude da intenção do legislador para justamente não permitir o locupletamento ilícito desses sujeitos de direito na área econômica, o que inexoravelmente tenderia a se refletir na parte hipossuficiente das relações de mercado, que é o consumidor.

No campo ambiental, a Lei nº 9.605/98 dispõe sobre as sanções penais e administrativas derivadas de condutas e atividades lesivas ao meio ambiente e, em seu art. 4º, trata da teoria da desconsideração da personalidade jurídica, no sentido de que "poderá ser desconsiderada a pessoa jurídica sempre que sua personalidade for obstáculo ao ressarcimento de prejuízos causados à qualidade do meio ambiente".[199]

O Código Civil brasileiro de 2002 – CCB, para além do seu art. 50, prevê a responsabilização direta do sócio ou administrador no art. 1.010, §3º; no art. 1.080 e nos arts.1.012, 1.015, 1.016 e 1.017. Também a Lei Antitruste (Lei nº 8.884/94), em nome até da regulação e proteção do mercado, adotou hipóteses de desconsideração semelhantes às do Código de Defesa do Consumidor (CDC) em seu art. 18; todavia, o dispositivo fora revogado pela Lei nº 12.529/2011, em franco retrocesso no âmbito da tutela das relações econômicas.[200]

---

si. Ver o texto de CORREA JR., Gilberto Deon e WEIRICH, Gabriela. *A desconsideração da personalidade jurídica no ordenamento jurídico brasileiro, op. cit.*, p. 123.

[198] Outro ponto importante desta norma: *ela não condiciona a aplicação da disregard ao pronunciamento de autoridade judicial,* até porque é o Conselho Administrativo de Defesa Econômica (CADE) a entidade responsável por aplicar penalidades administrativas em face do descumprimento dos seus dispositivos, reconhecendo competência da autarquia para levar a cabo a desconsideração da personalidade jurídica de sociedades infratoras.

[199] Ver o texto de BLOK, Marcella. *Desconsideração da personalidade jurídica*: uma visão contemporânea, *op. cit.*, p. 116. Alerta ainda a autora que: "No direito ambiental, para que seja efetivada a desconsideração da pessoa jurídica, independe-se da comprovação de culpa ou atuação com excesso de poderes por parte daqueles que compõem a sociedade, dependendo tão somente da verificação da insuficiência patrimonial da pessoa jurídica para reparar ou compensar os prejuízos por ela causados à qualidade do meio ambiente".

[200] "art. 18. A personalidade jurídica do responsável por infração da ordem econômica poderá ser desconsiderada quando houver da parte deste abuso de direito, excesso de poder, infração

CAPÍTULO 5
A DESCONSIDERAÇÃO DA PERSONALIDADE JURÍDICA COMO FERRAMENTA DE COMBATE À CORRUPÇÃO... | 125

Por seu turno, o Código de Processo Civil brasileiro – CPC (Lei nº 13.105/2015), nos termos do seu art. 133, §2º, instituiu o que podemos chamar de *desconsideração indireta da personalidade jurídica*, reconhecendo orientação jurisprudencial que foi se consolidando no tempo, no sentido de, para evitar abusos ou fraudes em detrimento de outrem, será possível desconsiderar a personalidade jurídica da sociedade para alcançar o patrimônio transferido pelo devedor original (sócio).

A nova Lei de Licitações e Contratos, nº 14.133/2021, incorporou a *disregard* de modo expresso, nos termos do art. 160,[201] não condicionou a intervenção judicial para sua aplicação, reconhecendo, pois, a utilização desse instrumento pela forma administrativa, como o faz a Lei Anticorrupção, lembrando que o Tribunal de Contas da União já estava julgando desta forma.[202]

É preciso reconhecer, por outra via, que a Lei nº 13.874, de 20 de setembro de 2019, denominada Lei da Liberdade Econômica (LLE), buscou reforçar a autonomia patrimonial das sociedades empresarias e diluir incertezas jurídicas quanto à transferência dos riscos financeiros da atividade econômica para o ente abstrato, nomeadamente: (i) inserindo no CCB o art. 49-A (art. 7º da LLE) a fim de dar destaque à separação patrimonial entre a pessoa jurídica e os seus sócios, associados, instituidores ou administradores; (ii) detalhando o disposto no art. 50 do CCB, de modo a melhor circunscrever o cabimento da desconsideração.[203]

---

da lei, fato ou ato ilícito ou violação dos estatutos ou contrato social. A desconsideração também será efetivada quando houver falência, estado de insolvência, encerramento ou inatividade da pessoa jurídica provocados por má administração."

[201] "art. 160. A personalidade jurídica poderá ser desconsiderada sempre que utilizada com abuso do direito para facilitar, encobrir ou dissimular a prática dos atos ilícitos previstos nesta Lei, ou para provocar confusão patrimonial, e, nesse caso, todos os efeitos das sanções aplicadas à pessoa jurídica serão estendidos aos seus administradores e sócios com poderes de administração, *a pessoa jurídica sucessora ou a empresa do mesmo ramo com relação de coligação ou controle, de fato ou de direito*, com o sancionado, observados, em todos os casos, o contraditório, a ampla defesa e a obrigatoriedade de análise jurídica prévia". Grifo nosso, para realçar o fato de a Lei ter previsto, inclusive, a desconsideração indireta da pessoa jurídica.

[202] Nos Acórdãos de Plenário: (i) nº 2.252/2018, da relatoria do Min. Bruno Dantas, julgado em 26/09/2018; (ii) nº 1.092/2010, relatoria do Min. Aroldo Cedraz, julgado em 19/05/2010. Ou seja, fomos incorporando no país esta cultura positiva de ampliar as possibilidades de responsabilização protetiva do interesse público. A doutrina do Direito Administrativo já tratava desses aspectos também, conforme faz ver JUSTEN FILHO, Marçal. *Comentários à Lei de Licitações e Contratos Administrativos*. São Paulo: RT, 2014, p. 1085.

[203] "art. 50. Em caso de abuso da personalidade jurídica, caracterizado pelo desvio de finalidade ou pela confusão patrimonial, pode o juiz, a requerimento da parte, ou do Ministério Público quando lhe couber intervir no processo, desconsiderá-la para que os efeitos de

Nesse sentido, valem as observações de Rodrigo Leonardo e Otávio Luiz Rodrigues Júnior:

> Em primeiro momento, verifica-se, sob a ótica da doutrina, que, na prática social, a pessoa jurídica em determinadas situações é utilizada para fins contrários ao ordenamento jurídico. Em seguida, formula-se a tese da desconsideração da pessoa jurídica para aplicação aos casos de fratura entre a real atuação das entidades e as finalidades admitidas pela ordem jurídica.
>
> A tese doutrinária ganha espaço na jurisprudência, sob a compreensão de que a excepcional limitação da segregação de responsabilidade patrimonial ocorreria mediante interpelação judicial fundamentada na figura do abuso de direito (...).
>
> Desse segundo momento, chega-se a um terceiro, quando da teoria passa-se ao direito legislado, com inúmeras hipóteses de desconsideração da personalidade jurídica, algumas delas independentes do exercício disfuncional do instituto (...). A utilização da desconsideração da personalidade jurídica começa a deixar de ser uma medida excepcional e inicia sua marcha para ser utilizada também para casos de mera insolvência ou de malogro da atividade econômica.
>
> Em uma quarta fase, em larga medida a partir dos excessos que o direito legislado e a jurisprudência encaminharam a respeito da desconsideração da personalidade jurídica, verifica-se um esforço para limitar as hipóteses de desconsideração, mediante instrumentos de hermenêutica integrativa. Observa-se aqui a retomada da ideia de abuso de direito como pressuposto à aplicação da desconsideração da pessoa jurídica, retornando-se a ideia de descompasso funcional.
>
> (...)
>
> É nesse sentido que a Lei 13.874/19 representa o mais recente capítulo nesse movimento, que procura ressaltar o caráter excepcional da medida

---

certas e determinadas relações de obrigações sejam estendidos aos bens particulares de administradores ou de sócios da pessoa jurídica beneficiados direta ou indiretamente pelo abuso.

§1º Para os fins do disposto neste artigo, desvio de finalidade é a utilização da pessoa jurídica com o propósito de lesar credores e para a prática de atos ilícitos de qualquer natureza.

§2º Entende-se por confusão patrimonial a ausência de separação de fato entre os patrimônios, caracterizada por: I – cumprimento repetitivo pela sociedade de obrigações do sócio ou do administrador ou vice-versa; II – transferência de ativos ou de passivos sem efetivas contraprestações, exceto os de valor proporcionalmente insignificante; e III – outros atos de descumprimento da autonomia patrimonial.

§3º O disposto no caput e nos §§1º e 2º deste artigo também se aplica à extensão das obrigações de sócios ou de administradores à pessoa jurídica.

§4º A mera existência de grupo econômico sem a presença dos requisitos de que trata o caput deste artigo não autoriza a desconsideração da personalidade da pessoa jurídica.

§5º Não constitui desvio de finalidade a mera expansão ou a alteração da finalidade original da atividade econômica específica da pessoa jurídica".

de desconsideração da personalidade jurídica e, ao mesmo tempo, (...) põe-se ênfase na separação patrimonial e na responsabilidade limitada como uma sanção positiva ao empreendedorismo.[204]

Em termos jurisprudenciais, temos decisão paradigmática, ao menos em termos de abordagem tópica sobre o tema, no Acórdão do Supremo Tribunal Federal de 2013, oportunidade em que foram assentadas várias diretrizes hermenêuticas importantes, a saber:[205]

1. A aplicação da teoria da desconsideração da personalidade jurídica tem por objetivo coibir o uso indevido da pessoa jurídica, levada a efeito mediante a utilização de corporação contrária a sua função social e aos princípios consagrados pelo ordenamento jurídico, afastando, assim, a autonomia patrimonial para chegar à responsabilização dos sócios e/ou para coibir os efeitos de fraude ou ilicitude comprovada, assim como o abuso de direito, sendo possível estender os

---

[204] LEONARDO, Rodrigo Xavier; RODRIGUES JÚNIOR, Otávio Luiz. A desconsideração da pessoa jurídica – alteração do art. 50 do Código Civil: art. 7º. In: MARQUES NETO, Floriano Peixoto; RODRIGUES JÚNIOR, Otávio Luiz; LEONARDO, Rodrigo Xavier (Coord.). *Comentários à Lei de Liberdade Econômica*. São Paulo: Thomson Reuters, 2019, p. 274. Ver também o texto de CUNHA FILHO, Alexandre Jorge Carneiro da; PICCELLI, Roberto Ricomini; MACIEL, Renata Mota (Coord.). *Lei da liberdade econômica anotada*. Vol. II. São Paulo: Quartier Latin, 2020. Uma questão que se coloca a partir da LLE é se o mero prejuízo ao erário autoriza, ou não, a aplicação direta e imediata da teoria da desconsideração da personalidade jurídica. Ou se se faz necessária, também, a presença do abuso da personalidade, caracterizado ou pelo desvio de finalidade ou pela confusão patrimonial, conforme inteligência do art. 50 do Código Civil. Entendemos que se faz necessária a constatação de que houve abuso da personalidade, pois esse é o mote da *disregard*.

[205] Estamos falando do Medida Liminar em Mandado de Segurança nº 32.494 MC, Relator: Min. Celso de Mello, julgado em 11/11/2013, publicado em processo eletrônico DJe-224, 12/11/2013, em 13/11/2013, no qual houve pronunciamento liminar para proibir o Tribunal de Contas da União em levar a efeito a desconsideração da personalidade jurídica em caso envolvendo irregularidades licitatórias, sob o argumento de que: "Ocorre, no entanto, que razões de prudência e o reconhecimento da plausibilidade jurídica da pretensão deduzida pela parte impetrante impõem que se outorgue, na espécie, a pretendida tutela cautelar, seja porque *esta Suprema Corte ainda não se pronunciou sobre a validade da aplicação da 'disregard doctrine' no âmbito dos procedimentos administrativos*, seja porque há eminentes doutrinadores, apoiados na cláusula constitucional da reserva de jurisdição, que entendem imprescindível a existência de ato jurisdicional para legitimar a desconsideração da personalidade jurídica (o que tornaria inadmissível a utilização dessa técnica por órgãos e Tribunais administrativos), seja porque se mostra relevante examinar o tema da desconsideração expansiva da personalidade civil em face do princípio da intranscendência das sanções administrativas e das medidas restritivas de direitos, seja, ainda, porque assume significativa importância o debate em torno da possibilidade de utilização da '*disregard doctrine*', pela própria Administração Pública, agindo '*pro domo sua*', examinada essa específica questão na perspectiva do princípio da legalidade". (Grifos nossos.)

seus efeitos a outras empresas – *inclusive aos sócios ocultos* –[206] para os fins de responsabilizar quem coloca sua entidade em nome de terceiro, ou para alcançar empresas do mesmo grupo econômico, diante das circunstâncias e provas do caso concreto específico;

2. É viável a aplicação da teoria da desconsideração da personalidade jurídica – e a extensão de seus efeitos – para afastar a possibilidade de empresa que tenha sido suspensa ou impedida de participar de licitação, ou contratar com a Administração Pública, ou ainda, declarada inidônea, possa ter seus sócios integrando, direta ou indiretamente, outra pessoa jurídica que participe de licitação com o Poder Público;

3. Apoiando-se na doutrina dos poderes implícitos, o STF reconhece que os Tribunais de Contas dispõem dos meios necessários à plena concretização de suas atribuições constitucionais, ainda que não referidos, explicitamente, no texto da Lei Fundamental, para aplicar a *disregard doctrine*, enquanto justamente medida necessária ao fiel cumprimento de suas funções institucionais e ao pleno exercício das competências que lhe foram outorgadas, diretamente, pela própria Constituição da República;[207]

---

[206] Estamos falando, pois, da *teoria expansiva da desconsideração da personalidade jurídica,* que pretende alcançar a responsabilidade de laranjas, testas de ferro, que simulam titularidades de papeis que, na verdade, servem para esconder os efetivos *dominus* do fato, ato ou negócio jurídico entabulado. Para aprofundamento do tema, ver o trabalho de GUSMÃO, Mônica. *Lições de direito empresarial.* Rio de Janeiro: Lumen Juris, 2009, p. 132 e seguintes, e a decisão do Tribunal de Justiça do Estado do Rio Grande do Sul, na Apelação Cível nº 598586196, Relator Desembargador Luiz Felipe Silveira Difini, julgada em 15.06.1999, na qual se reconheceu que os determinados indivíduos eram sócios ocultos da empresa executada, vez que esta se caracterizava como empresa familiar, na qual toda entidade familiar detinha vantagens com a atividade produtiva de determinada empresa ervateira.

[207] Ainda refere o julgado no ponto que: "É importante acentuar que a aplicação do instituto da desconsideração ('*disregard doctrine*'), por parte do Tribunal de Contas da União, encontraria suporte legitimador não só na teoria dos poderes implícitos, mas, também, no princípio constitucional da moralidade administrativa, que representa um dos vetores que devem conformar e orientar a atividade da Administração Pública (CF, art. 37, *caput*), em ordem a inibir o emprego da fraude e a neutralizar a prática do abuso de direito, que se revelam comportamentos incompatíveis com a essência ética do Direito". Essa posição do STF é antiga, basta vermos as decisões: (i) ADI no 4414, Relator: Min. Luiz Fux, Tribunal Pleno, julgado em 31.05.2012, Processo Eletrônico DJe- 114, divulg 14.06.2013, public 17.06.2013; (ii) RE no 603583, Relator: Min. Marco Aurélio, Tribunal Pleno, julgado em 26.10.2011, Acórdão Eletronico Repercussão Geral – Mérito DJe-102, divulg 24.05.2012, public 25.05.2012.

4. É pacífico na doutrina e na jurisprudência que a desconsideração da personalidade jurídica não depende de qualquer alteração legislativa para ser aplicada, na medida em que se trata de instrumento de repressão a atos fraudulentos, até porque o instituto pertence, em verdade, à teoria geral do direito, com aplicação irrestrita a todos os ramos do direito;[208]

5. A desconsideração da personalidade jurídica permite ao Estado, em caso específico e justificado, afastar a personalidade jurídica de determinada entidade, para os fins de neutralizar a ocorrência de confusão patrimonial, de desvio de finalidade, de práticas abusivas e desleais ou de cometimento de atos ilícitos, além de prevenir ofensa ao postulado da moralidade e de resguardar a incolumidade do erário;[209]

6. A desconsideração da personalidade jurídica não implica extinção da personalidade civil nem afeta a liberdade de iniciativa, pois as sociedades personificadas (simples ou empresárias) preservam tanto a sua autonomia jurídico-institucional quanto a sua autonomia patrimonial em relação a terceiros.[210]

Mais recentemente, o Ministro Ricardo Lewandowski teve oportunidade de sustentar que:

---

[208] No ponto, ver o argumento de MORAES, Flávia Albertin de. A teoria da desconsideração da personalidade jurídica e o processo administrativo punitivo. *Revista de Direito Administrativo*, Rio de Janeiro, nº 252, set./dez. 2009, p. 45-65.

[209] Registra o Relator que: "Destarte, o simples fato de não haver norma específica autorizando a desconsideração da personalidade jurídica não pode impor à Administração que permita atos que afrontem a moralidade administrativa e os interesses públicos envolvidos. (...) Daí porque aplica-se, com uma maior flexibilidade, a teoria da desconsideração da personalidade jurídica na esfera administrativa (...). O princípio constitucional da moralidade administrativa, ao impor limitações ao exercício do poder estatal, legitima o controle externo de todos os atos, quer os emanados do Poder Público, quer aqueles praticados por particulares que venham a colaborar com o Estado na condição de licitantes ou contratados e que transgridam os valores éticos que devem pautar o comportamento dos órgãos e agentes governamentais".

[210] REsp 279.273/SP, Rel. p/ o acórdão. Min. Nancy Andrighi. E a doutrina de COELHO, Fábio Ulhoa. *Curso de direito comercial*. São Paulo: Saraiva, 2003. v. 2, p. 37, refere expressamente que "A teoria da desconsideração da pessoa jurídica, é necessário deixar bem claro esse aspecto, não é uma teoria contra a separação subjetiva entre a sociedade empresária e seus sócios. Muito ao contrário, ela visa preservar o instituto, em seus contornos fundamentais, diante da possibilidade de o desvirtuamento vir a comprometê-lo. Isto é, a inexistência de um critério de orientação a partir do qual os julgadores pudessem reprimir fraudes e abusos perpetrados através da autonomia patrimonial, poderia eventualmente redundar no questionamento do próprio instituto, e não do seu uso indevido".

Tal como esta Suprema Corte tem decidido pela possibilidade do deferimento de cautelares no sentido da indisponibilidade de bens, inclusive de particulares, nada obsta, que as cortes de contas também procedam, in limine, à desconsideração liminar da personalidade jurídica dos entes que alegadamente tenham malversado dinheiro público, embora ainda sejam escassos os precedentes neste sentido (...). Nesse linha de raciocínio, observo que não haveria razão para que a teoria da desconsideração da personalidade também não fosse aplicada ao Direito Administrativo. Isso porque, para o já mencionado Carvalho Filho, "a busca da verdade real tem conduzido os estudiosos modernos a admitir, no processo administrativo, a teoria da desconsideração da pessoa jurídica (*disregard of legal entity*), de modo a atribuir-se responsabilidade às pessoas físicas que se valem da pessoa jurídica como escudo para o cometimento de fraudes, desvios e outros ilícitos".[211]

Também o STJ, no RMS 15.166/BA, de relatoria do Ministro Castro Meira, julgado por sua Segunda Turma, em 07/08/2003, entendeu que "a Administração Pública pode, em observância ao princípio da moralidade administrativa e da indisponibilidade dos interesses públicos tutelados, desconsiderar a personalidade jurídica de sociedade constituída com abuso de forma e fraude à lei, desde que facultado ao administrado o contraditório e a ampla defesa em processo administrativo regular".[212]

É da jurisprudência que decorre outro debate importante que se incorpora à *disregard*, que é o da desconsideração inversa da personalidade jurídica – anteriormente referida, a qual vem bem demarcada pelo julgado REsp. nº 948.117-MS, do STJ, nos seguintes termos:

---

[211] Autos dos Embargos de Declaração em Mandado de Segurança nº 36.650 – DF, Rel. Min. Ricardo Lewandowski, julgado em 25/06/2021. Disse ainda o Relator que " Foram apresentados argumentos sólidos sobre a aplicação da desconsideração da personalidade jurídica no Direito Administrativo, mencionando-se doutrina, decisões desta Corte e o art. 14, da Lei 12.846/2013. Consignou-se, também, o caráter cautelar da medida adotada pelo TCU e asseverou-se que o contraditório será exercido em procedimento específico e no tempo oportuno, não havendo nisso qualquer ofensa aos princípios apontados como violados no mandado de segurança". Assim, rejeitou os Embargos interpostos, mantendo a desconsideração da personalidade jurídica levada a efeito pelo Tribunal de Contas da União.

[212] RMS nº 15.166/BA, Rel. Ministro Castro Meira, Segunda Turma, julgado em 07/08/2003, DJ 08/09/2003. Aprofundando mais a análise da matéria, o STJ igualmente decidiu, em outro julgado, que para a desconsideração da pessoa jurídica nos termos do art. 50, do CCB, são necessários: (i) o requisito objetivo – insuficiência patrimonial da devedora e (ii) o requisito subjetivo – desvio de finalidade ou confusão patrimonial. In: BRASIL. Superior Tribunal de Justiça. *Resp n.1.141.447/SP*. Relator Min. Sidinei Beneti. Publicado no DJ de 08.02.2011.

A *desconsideração inversa da personalidade jurídica* caracteriza-se pelo afastamento da autonomia patrimonial da sociedade, para, contrariamente do que ocorre na desconsideração da personalidade propriamente dita, atingir, então, o ente coletivo e seu patrimônio social, de modo a responsabilizar a pessoa jurídica por obrigações de seus sócios ou administradores. Assim, observa que o citado dispositivo, sob a ótica de uma interpretação teleológica, legitima a inferência de ser possível a teoria da desconsideração da personalidade jurídica em sua modalidade inversa, que encontra justificativa nos princípios éticos e jurídicos intrínsecos à própria *disregard doctrine*, que vedam o abuso de direito e a fraude contra credores.[213]

A doutrina tem se preocupado em demarcar de modo mais claro algumas premissas que precisam ser atendidas para que a desconsideração da personalidade jurídica ocorra no âmbito administrativo – como quer instituir a Lei Anticorrupção –, a saber, nas situações evidenciadas de: (i) investigação do desvio de finalidade ou de confusão patrimonial, observando-se sempre o devido processo legal; (ii) investigação de fraude ou de abuso de direito por parte da pessoa jurídica envolvida com a Administração Pública; (iii) motivação substancial das razões de justificação e fundamentação da necessidade e proporcionalidade da medida.[214]

---

[213] REsp. nº 948-117-MS, Relatora Min. Nancy Andrighi, julgado em 22/06/2010. Grifo nosso. Na mesma direção, os julgados: REsp 279.273-SP, DJ 29/3/2004; REsp 970.635-SP, DJe 1º/12/2009, REsp 693.235-MT, DJe 30/11/2009. Também o Tribunal de Justiça do Estado do Rio Grande do Sul – TJRS, há bastante tempo, tem aplicado a desconsideração da personalidade jurídica, determinando, por exemplo, o alcance de bens particulares do fundador e representante legal da fundação, conforme julgado da Décima Quinta Câmara Cível, no Agravo de Instrumento nº 70009702655, Relator Des. Angelo Maraninch Giannakos, julgado em 15.12.2004, assim como no Agravo de Instrumento nº 70020155255, Relator Des. Ergio Roque Menine, julgado em 21.06.2007. Disponível em: http://www.tjrs.jus.br. Acesso em: 23 ago. 2021.

[214] Ver o texto de MORAES, Flávia Albertin de. *A teoria da desconsideração da personalidade jurídica e o processo administrativo punitivo, op. cit.* Já para COELHO, Fábio Ulhoa. *Curso de direito comercial, op. cit.*, p. 35, a teoria da *disregard* nominada de maior – adotada pelo art. 50, do CCB –, entende que o afastamento da autonomia patrimonial ocorreria em casos de fraude ou uso abusivo da pessoa jurídica, enquanto que à teoria menor seria possível o atingimento de bens dos sócios pelo mero inadimplemento de dívidas da sociedade. Para a teoria maior, haveria, então, quatro princípios básicos a serem levados em conta na aplicação da desconsideração da personalidade jurídica: a) o princípio da separação entre pessoa jurídica e sócio pode ser desconsiderado para impedir a realização de ilícito; b) não basta o mero inadimplemento de um crédito pela pessoa jurídica para que ela seja desconsiderada; c) deve-se levar em conta as normas sobre capacidade ou valor humano em relação à pessoa jurídica se essas normas não contradizerem sua função; e d) a autonomia da pessoa jurídica deve ser desconsiderada quando ela é utilizada para afastar uma disciplina legal a um de seus membros.

Ou seja, esse instituto já está incorporado no sistema normativo brasileiro, cumprindo, agora, avaliarmos as possibilidades de ele ser operado diretamente pela Administração Pública em sede de processo administrativo envolvendo a aplicação da Lei Anticorrupção, o que passamos a fazer.

5.3 O uso administrativo do instituto da desconsideração da personalidade jurídica no âmbito da Lei Anticorrupção

A *disregard* aplicada para fins de enfrentamento da corrupção na Lei Anticorrupção está prevista em dois de seus dispositivos que reclamam compreensão integrada: (i) no art. 5º, III, ao dispor que *constituem atos lesivos à Administração Pública*, nacional ou estrangeira, todos aqueles praticados pelas pessoas jurídicas mencionadas no parágrafo único do art. 1º,que atentem contra o patrimônio público nacional ou estrangeiro, contra princípios da Administração Pública ou contra os compromissos internacionais assumidos pelo Brasil, entre os quais, o de comprovadamente, *utilizar-se de interposta pessoa física ou jurídica para ocultar ou dissimular seus reais interesses ou a identidade dos beneficiários dos atos praticados*; (ii) no art. 14, dispondo que *a personalidade jurídica poderá ser desconsiderada* sempre que utilizada com abuso do direito para facilitar, encobrir ou dissimular a prática dos atos ilícitos previstos nesta Lei ou para provocar confusão patrimonial, sendo estendidos todos os efeitos das sanções aplicadas à pessoa jurídica aos seus administradores e sócios com poderes de administração, observados o contraditório e a ampla defesa.

E por que é imperioso termos esses dois dispositivos presentes no estudo da *disregard* regulada pela norma? Porque utilizar interposta pessoa jurídica para atentar contra o patrimônio público, princípios da Administração Pública e contra os compromissos internacionais assumidos pelo país já constitui ato lesivo a ser evitado e reparado, podendo ser a desconsideração da personalidade jurídica ferramenta adequada para tal mister. Ou seja, sempre que houver elementos indiciários relevantes da situação fática indicadora daqueles riscos, será possível o manejo do instituto sob comento para o aclaramento do ocorrido, ensejando medidas preventivas e curativas adequadas a serem tomadas.

CAPÍTULO 5
A DESCONSIDERAÇÃO DA PERSONALIDADE JURÍDICA COMO FERRAMENTA DE COMBATE À CORRUPÇÃO... | 133

E talvez um dos grandes tópicos que exalta debates sobre a possibilidade de a Administração Pública levar a cabo de modo direto tal agir, e em face de suas competências reconhecida pela Lei Anticorrupção, independentemente de autorização judicial, é a premissa da *reserva da jurisdição* neste particular,[215] tomando-a como imprescindível para os efeitos de tal reconhecimento em face dos direitos e garantias fundamentais que restariam, em tese, atingidos por ele.

No bojo desse problema está o conceito que se adota sobre as competências constitucionais e infraconstitucionais da Administração Pública no país, e não somente as do Poder Judiciário! E nesse sentido, sustentamos estarem também os Poderes Executivo e Legislativo empoderados de funções e tarefas públicas incondicionadas e indisponíveis, todas de cariz constitucional explícita e implicitamente demarcadas, para cumprir com seus misteres, perseguir metas, objetivos e finalidades igualmente predispostos de forma vinculante pelas escolhas públicas veiculadas no Texto Político de 1988.[216]

Por tais razões a Lei Anticorrupção constitui, em nossa perspectiva, *microssistema de comunicação* voltado à gestão pública e com o escopo de informar/guiar a todos naquilo que estão obrigados para com a Comunidade a que pertencem (em termos de direitos e deveres), pelo fato de que justamente acordaram isso, integrando-se a outros sistemas normativos (constitucional e infraconstitucional), políticos/econômicos, todos ancorados/legitimados pela premissa do contrato social soberano e instituinte do Estado e da Sociedade,[217] e por conta disso é substantivo e procedimental, ou seja, exige mecanismos claros e públicos de *efetivação dos seus comandos e enunciados* que demarcam as possibilidades civilizatórias das relações intersubjetivas e interinstitucionais, só assim viabilizando, a todo tempo, níveis de controles/monitoramentos (controle interno e externo).[218]

---

[215] De certa forma induzido este argumento pelo estabelecido no art. 50 do CCB e no art. 28 do CDC.

[216] Ampliamos esta reflexão em nosso LEAL, Rogério Gesta. *Estado, Administração Pública e sociedade:* novos paradigmas. Porto Alegre: Livraria do Advogado, 2006.

[217] Ver no ponto o conceito luhmanianno de acordo enquanto contingência, no texto LUHMANN, Niklas. *La moral de la sociedad*. Madrid: Trotta, 2013, p. 321 e seguintes.

[218] Importa lembrar que para Luhmann, ao contrário do que aconteceria com as leis da natureza, as regras sociais precisam de mecanismo que garanta sua validade caso venham a ser desrespeitadas. Dito com um exemplo, ainda que certo indivíduo tenha a expectativa de não ser lesado em seu direito de não ser agredido, existe sempre a possibilidade de ocorrência de um fato que vá contra tal expectativa, frustrando-a, por exemplo, quando se comete uma lesão corporal. Diante disso, a tarefa do Direito seria a de garantir que tal

Partilhando novamente de algumas reflexões da Teoria dos Sistemas, entendemos que não é suficiente que os sistemas jurídicos sejam *considerados* tão somente pelos poderes públicos, privados e pela Comunidade, mas devem ser respeitados de fato e no dia a dia da vida das pessoas, condição necessária à vigência real dos plexos normativos vinculantes.[219] Nesse sentido, a Lei Anticorrupção (e todas as demais), enquanto veículo de comunicação obrigacional, a partir de processos cognitivos e compreensivos por parte dos cidadãos e dos próprios agentes públicos, deve contar com obediência fática, pois sem isso a concretização e funcionalidade destas normas entram em erosão progressiva, convertendo-se em promessas vazias de configuração social identitária; e mais, oportunizam a depredação dos bens e interesses públicos indisponíveis.

Daí que as normas a serem observadas por todos precisam ser ratificadas contrafaticamente! E como se dá isso? Através da responsabilização por suas violações, pois elas vigem no nível social não somente quando são observadas, mas também quando não o são, provocando – pela via da sanção – a reação confirmatória do comando normativo aprovado comunitariamente. A sanção, então, é o último elemento sobre o qual, em definitivo, apoia-se a estabilidade e solidariedade do sistema/ordenamento jurídico (inclusive o veiculado pela Lei sob comento) graças ao qual se pretende garantir a segurança das expectativas individuais, institucionais e sociais constituídas. Sua ausência faria com que os preceitos jurídicos ativos existissem somente como cartas de intenções, o que seria contraditório em face de gerar profunda instabilidade na orientação da Sociedade como um todo.[220]

Por outro lado, até em face da localização topográfica do referido art. 14 (capítulo IV da Lei Anticorrupção, que versa sobre o processo administrativo de responsabilização por atos ilícitos indicados) é

---

expectativa se mantenha como legítima, sem que se adapte (ou seja, sem que seja tomada, por seu detentor e por toda a Sociedade, como uma expectativa equivocada). Ver o texto de LUHMANN, Niklas. *La ciencia de la sociedad.* Barcelona: Anthropos, 1996.

[219] LUHMANN, Niklas. *Sociedad y sistema:* la ambición de la teoria. Barcelona: Paidós, 1995. No plano dogmático tratamos desses temas no livro LEAL, Rogério Gesta. *Hermenêutica e direito:* considerações sobre a teoria do direito e os operadores jurídicos. Santa Cruz do Sul: Edunisc, 1999.

[220] Sabemos que direitos puramente abstratos são inservíveis se não garantidos por ponderada estrutura de suporte, ou se não reconhecidos como tais pelos outros contratantes – matéria reconhecida pela dogmática jurídica em geral. Ver nosso LEAL, Rogério Gesta. *Hermenêutica e direito:* considerações sobre a teoria do direito e os operadores jurídicos. 2. ed. Santa Cruz do Sul: Edunisc, 1999.

possível chegarmos à conclusão de que o Poder Público pode e deve utilizar, independentemente de autorização judicial, todas as ferramentas para evitar violação da legalidade e moralidade contra os interesses que tutela e responde através de ferramenta processual/procedimental de apuração de atos perpetrados escondidos sob o manto de pessoas jurídicas. Vai nessa direção o interessante argumento de Lucas Freire sobre as diferenças que precisam ser consideradas no que tange à dicção do art. 50 do CCB e o art. 14 da Lei Anticorrupção, nomeadamente em face dos distintos interesses juridicamente tutelados envolvidos em cada situação normatizada:

> A realidade fática que a limitação do art. 50 visou a regular é aquela em que estão presentes relações jurídicas pautadas pela horizontalidade, ou seja, em que as partes envolvidas se encontram, juridicamente, em pé de igualdade, não sendo lícito que uma imponha à outra, de próprio punho, a satisfação de uma pretensão ou a submissão a um direito potestativo. Em geral, tais relações se constituem no âmbito do Direito Civil, do Direito Empresarial, do Direito do Consumidor e até mesmo do Direito do Trabalho. Nessas searas, não seria mesmo razoável admitir que os próprios indivíduos desconsiderassem a personalidade jurídica e agissem como se a autonomia patrimonial significasse uma mera noção teórica, sem eficácia normativa.
>
> As relações constituídas entre a Administração Pública e seus administrados, contudo, apresentam configuração assaz distinta. No ponto, cumpre lembrar que o exercício da função administrativa encontra um de seus sustentáculos maiores no princípio da supremacia do interesse público sobre o interesse privado.
>
> Posto isso, fácil perceber que o relacionamento entre a Administração Pública e seus administrados, longe de se pautar pela horizontalidade típica das relações privadas, funda-se em uma verticalidade explícita, em que aquela impõe a estes decisões jurídicas unilateralmente tomadas.[221]

Não há dúvidas, pois, do dever indeclinável da Administração Pública em se valer, se for o caso, do instituto da *disregard* para dar conta dos comandos da Lei Anticorrupção, sob pena de, não o fazendo

---

[221] FREIRE, Lucas Alves. A desconsideração da personalidade jurídica na esfera administrativa e seu reflexo na atividade persecutória desenvolvida pelo banco central do Brasil. *Revista da Procuradoria-Geral do Banco Central*, v. 5, nº 1, junho/2011. Brasília: Centro de Estudos Jurídicos da Procuradoria-Geral do Banco Central, 2011, p. 118 e 119. No mesmo sentido, ver o texto de FARIAS, Luciano Chaves de. Aplicação da teoria da desconsideração da personalidade jurídica na esfera administrativa. Revista Zênite de Licitações e Contratos, Brasília, ano XIV, nº 163, p. 778-788, ago. 2007.

quando se impõe tal iniciativa, responder o gestor público por omissão passível de punição em diversas esferas (administrativa, cível e penal).

5.4 Notas conclusivas

Ao fim e ao cabo, queremos sustentar que a desconsideração da personalidade jurídica no âmbito da Lei Anticorrupção tem *função administrativa instrumental de, observados seus requisitos e pressupostos, dar maior efetividade e eficácia à persecução dos responsáveis* pelo cometimento de atos, fatos e negócios que busca vedar e punir.

E tudo isso não se dá de qualquer forma, ou pelo exercício subjetivo da vontade de autoridade máxima de cada órgão ou entidade dos Poderes Executivo, Legislativo e Judiciário, mas observado o contraditório e a ampla defesa, através da instauração e do julgamento de processo administrativo apurador daquelas responsabilidades, nos termos do art. 8º da Lei, *valendo-se, repetimos, dos meios necessários à plena concretização dessas suas atribuições* – constitucionais e infraconstitucionais –, nomeadamente dos poderes implícitos que possui. Essa foi a dicção também do STF: "o princípio constitucional da moralidade administrativa, ao impor limitações ao exercício do poder estatal, legitima o controle externo de todos os atos, quer os emanados do Poder Público, quer aqueles praticados por particulares que venham a colaborar com o Estado na condição de licitantes ou contratados e que transgridam os valores éticos que devem pautar o comportamento dos órgãos e agentes governamentais".[222]

Por outro lado, certo que não cabe a aplicação da *disregard* quando temos situações passíveis de imputação de responsabilidade diretamente às pessoas físicas que constituem ou mesmo atuam junto à pessoa jurídica envolvida nos casos de aplicação da Lei Anticorrupção, o que levará a caracterização da responsabilidade subjetiva, também a ser apurada pelo devido processo administrativo e/ou judicial.

---

[222] Autos da Medida Liminar em Mandado de Segurança nº 32.494 MC, anteriormente citado. No plano da doutrina, Diogo Neto e Rafael Freitas lembram que: "A Lei no 12.846/2013 (Lei Anticorrupção) é constitucional, porquanto extrai seu fundamento de validade do sistema constitucional da moralidade administrativa previsto na Constituição (artigos 5º, LXXIII; 14, §9º; e 37, *caput*). Trata-se de hipótese de eficácia exógena do princípio da moralidade administrativa que estende seus efeitos aos particulares". MOREIRA NETO, Diogo de Figueiredo; FREITAS, Rafael Véras de. A juridicidade da Lei Anticorrupção: reflexões e interpretações prospectivas. *Revista Fórum Administrativo*, v. 14. Belo Horizonte: Fórum, fev./2014, p. 22.

Ganha relevo o processo administrativo a ser instaurado para tal procedimento, fiel obrigatoriamente à legalidade, segurança jurídica, proibição de excesso e assegurador das garantias constitucionais e infraconstitucionais das partes envolvidas.[223]

E isso em nada conflita com o expresso no art. 10 da Lei Anticorrupção, quando prevê que o ente público que apura as responsabilidades que a norma cria, a pedido da comissão processante, poderá requerer *medidas judiciais* necessárias à investigação e o processamento das infrações, inclusive de busca e apreensão, já que o dispositivo está a se referir àquelas medidas que dependem de autorização judicial para que sejam tomadas (arresto, sequestro, penhora, quebra de sigilos fiscal, bancário, telefônico, telemático), porque violadoras de direitos e garantias fundamentais que exigem tal providência; a *disregard* administrativa, por conta de ser medida autônoma em sede de procedimento próprio explicitamente autorizado por lei à autoridade máxima competente do Poder Público envolvido, tem de ser privilegiada.

Em face dos elementos coligidos, resta fácil a conclusão sobre a possibilidade efetiva de a Administração Pública, em suas esferas de competências próprias, lançar mão, para fins de apurar irregularidades envolvendo os dispositivos da Lei Anticorrupção, do instituto da desconsideração da personalidade jurídica. E para tanto, deverá levar em conta o disciplinado nos arts. 133 ao 137 do Código de Processo Civil – CPC (reguladores do procedimento deste instituto), assim como, no que couber, as disposições da Lei Federal nº 9.784/1999 (que versa sobre o processo administrativo), isso porque, consoante o previsto no art. 15, do CPC, "na ausência de normas que regulem processos eleitorais, trabalhistas ou administrativos, as disposições deste Código lhes serão aplicadas supletiva e subsidiariamente".

Uma vez aplicada a desconsideração, cumpre destacar que não há limite de responsabilização por quotas de sócios. Todos os envolvidos na conduta são responsabilizados pela dívida existente como um todo.[224] E há entendimento doutrinário no sentido de que a desconsideração pressupõe requerimento específico em face do sócio ou administrador que cometeu o ato abusivo. Caso não se saiba qual sócio cometeu o ato abusivo, deve ser pedida a desconsideração em face de

---

[223] BACELLAR FILHO, Romeu Felipe. *Processo administrativo disciplinar*. São Paulo: Saraiva, 2013, p. 55 e seguintes. Ver também o texto de MEDAUAR, Odete. *A processualidade no direito administrativo*. São Paulo: RT, 2008.

[224] Assim já decidiu o STJ, no Recurso Especial 1.169.175/DF.

todos, com a possibilidade de que eles comprovem que não cometeram o ato e que não foram beneficiados.[225]

5.5 Referências

BACELLAR FILHO, Romeu Felipe. *Processo administrativo disciplinar.* São Paulo: Saraiva, 2013.

BLOK, Marcella. Desconsideração da personalidade jurídica: uma visão contemporânea. *Revista dos Tribunais*, v. 59/2013.

COELHO, Fábio Ulhoa. *Curso de direito comercial.* São Paulo: Saraiva, 2003.

COELHO, Fábio Ulhoa. *Desconsideração da personalidade jurídica.* São Paulo: Editora Revista dos Tribunais, 1989.

CORREA JR., Gilberto Deon; WEIRICH, Gabriela. A desconsideração da personalidade jurídica no ordenamento jurídico brasileiro. *Revista do Ministério Público*, Porto Alegre, 2009.

COUTO SILVA, Alexandre. *A aplicação da desconsideração da personalidade jurídica no direito brasileiro.* Rio de Janeiro: Editora Forense, 2009.

CUNHA FILHO, Alexandre Jorge Carneiro da; PICCELLI, Roberto Ricomini; MACIEL, Renata Mota (Coord.). *Lei da liberdade econômica anotada*, v. 2. São Paulo: Quartier Latin, 2020.

FARIAS, Luciano Chaves de. Aplicação da teoria da desconsideração da personalidade jurídica na esfera administrativa. *Revista Fórum Administrativo*, Ano 7, nº 80, 2007.

FREIRE, Lucas Alves. A desconsideração da personalidade jurídica na esfera administrativa e seu reflexo na atividade persecutória desenvolvida pelo Banco Central do Brasil. *Revista da Procuradoria-Geral do Banco Central*, v.5, nº 1, junho/2011. Brasília: Centro de Estudos Jurídicos da Procuradoria-Geral do Banco Central, 2011, p. 118, 119.

GASPARINI, Diógenes. Desconsideração administrativa da personalidade jurídica. In: BOLZAN, Fabrício; MARINELA, Fernanda (Orgs.). *Leituras complementares de direito administrativo* – advocacia pública. Salvador: JusPodivm, 2008.

GUSMÃO, Mônica. *Lições de direito empresarial.* Rio de Janeiro: Lumen Juris, 2009.

JUSTEN FILHO, Marçal. *Comentários à Lei de Licitações e Contratos Administrativos.* São Paulo: RT, 2014.

KOURY, Suzy Elizabeth Cavalcante. *A desconsideração da personalidade jurídica (disregard doctrine) e os grupos de empresas.* Rio de Janeiro: Forense, 2003.

LEAL, Rogério Gesta. *Estado, Administração Pública e sociedade:* novos paradigmas. Porto Alegre: Livraria do Advogado, 2006.

---

[225] Ver o texto de TOMAZETTE, Marlon. *Curso de direito empresarial:* teoria geral e direito societário. São Paulo: Altas, 2012.

LEAL, Rogério Gesta. *Hermenêutica e direito:* considerações sobre a teoria do direito e os operadores jurídicos. Santa Cruz do Sul: Edunisc, 1999.

LEONARDO, Rodrigo Xavier; RODRIGUES JÚNIOR, Otávio Luiz. A desconsideração da pessoa jurídica – Alteração do Art. 50 do Código Civil: Art. 7º. In: MARQUES NETO, Floriano Peixoto; RODRIGUES JÚNIOR, Otávio Luiz; LEONARDO, Rodrigo Xavier (Coord.). *Comentários à Lei de Liberdade Econômica.* São Paulo: Thomson Reuters, 2019.

LUHMANN, Niklas. *La ciencia de la sociedad.* Barcelona: Anthropos, 1996.

LUHMANN, Niklas. *La moral de la sociedad.* Madrid: Trotta, 2013.

LUHMANN, Niklas. *Sociedad y sistema:* la ambición de la teoría. Barcelona: Paidós, 1995.

MEDAUAR, Odete. *A processualidade no direito administrativo.* São Paulo: RT, 2008.

MORAES, Flávia Albertin de. A teoria da desconsideração da personalidade jurídica e o processo administrativo punitivo. *Revista de Direito Administrativo,* Rio de Janeiro, nº 252, set./dez. 2009.

MOREIRA NETO, Diogo de Figueiredo; FREITAS, Rafael Véras de. A juridicidade da Lei Anticorrupção: reflexões e interpretações prospectivas. *Revista Fórum Administrativo,* v. 14. Belo Horizonte: Fórum, fev./2014, p.22.

NASCIMBENI, Asdrúbal Franco. A aplicação da teoria da desconsideração da personalidade jurídica às sociedades anônimas. *Revista dos Tribunais,* v. 61/2013.

OLIVEIRA, José Lamartine Corrêa de. *A dupla crise da pessoa jurídica.* São Paulo: Saraiva, 1979.

PONTES DE MIRANDA. *Tratado de direito privado,* v. 30. São Paulo: BookSeller, 2004.

REQUIÃO, Rubens. Abuso e fraude através da personalidade jurídica (*disregard doctrine*). *Revista dos Tribunais,* São Paulo, v. 410, p. 12-24, dez. 1969.

REQUIÃO, Rubens. *Curso de direito comercial,* v. 1. São Paulo: Saraiva, 2012.

TEPEDINO, Gustavo. Notas sobre a desconsideração da personalidade jurídica. *Revista Trimestral de Direito Civil – RTDC,* Ano 8, v. 30, 2007.

TOMAZETTE, Marlon. *Curso de direito empresarial:* teoria geral e direito societário. São Paulo: Altas, 2012.

WORMSER, I. Maurice. *Diresgard of the corporate fiction and allied corporation problems.* Washington D.C.: Beard Books, 2000.

Esta obra foi composta em fonte Palatino Linotype, corpo 10
e impressa em papel Pólen Bold 70g (miolo) e Supremo 250g (capa)
pela Gráfica Paulinelli.